Le livre du C
du
premier langage

Pour les vrais débutants en programmation

Claude Delannoy

Le livre du C
du
premier langage

C

Pour les vrais débutants
en programmation

EYROLLES

ÉDITIONS EYROLLES
61, bd Saint-Germain
75240 Paris Cedex 05
www.editions-eyrolles.com

*Cet ouvrage a fait l'objet d'un reconditionnement à l'occasion de son 9ᵉ tirage
(nouvelle couverture, mise en pages en deux couleurs). Le texte de l'ouvrage
reste inchangé par rapport aux tirages précédents.*

Table des matières

Avant-propos

Cet ouvrage est tout particulièrement conçu pour les débutants qui souhaitent aborder l'apprentissage de la programmation, en ayant choisi le C comme premier langage.

Nous y avons délibérément mis l'accent sur les notions fondamentales, telles qu'on les retrouve dans la plupart des langages : variable et type ; instructions de base : affectation, lecture, écriture ; structures de contrôle : choix, répétitions ; tableaux ; fonctions… Simultanément, nous vous apprenons à les exprimer en langage C, ce qui vous permet d'emblée de rédiger de véritables programmes et de les faire fonctionner sur n'importe quelle machine. L'expérience montre qu'une telle concrétisation facilite énormément l'assimilation des connaissances.

Comme il se doit, nous avons adopté une démarche très progressive et nous avons systématiquement banni les "références avant". De nombreux exemples de programmes complets, accompagnés du résultat obtenu après leur exécution, viennent illustrer chaque concept de base.

Des exercices appropriés permettent la mise en pratique des acquis. Plutôt que de les regrouper classiquement en fin de chapitre, nous avons préféré les placer aux endroits jugés opportuns pour leur résolution. Une correction est proposée en fin de volume ; nous vous encourageons vivement à ne la consulter qu'après une recherche personnelle et, dans le cas où l'exercice consiste en l'écriture d'un programme, à réfléchir aux différences de rédaction qui ne manqueront pas d'apparaître.

La plupart des chapitres proposent un résumé qui fait le point sur les éléments les plus importants. Il pourra être utilisé à deux niveaux :

- à la fin de l'étude du chapitre, à titre de contrôle de la bonne mémorisation de l'ensemble,

- plus tard, à titre de remémoration rapide du contenu du chapitre.

Dans une bonne partie de l'ouvrage, le langage C est présenté comme un moyen d'expression d'une "démarche algorithmique". Pour ce faire, nous l'avons quelque peu épuré, en le débarrassant provisoirement de certaines difficultés techniques qui, à ce stade de l'apprentissage, se seraient non seulement avérées inutiles mais aussi perçues comme un bruit de fond. Dans ces conditions, il vous sera facile par la suite, si vous le souhaitez, de transposer votre acquis à un langage autre que le C.

Malgré tout, nous avons voulu éviter que le lecteur ne passe à côté de ce que l'on pourrait appeler la "philosophie du C" et qu'il considère ce langage comme un parmi tant d'autres. Pour ce faire, des "Compléments" placés en fin d'ouvrage ainsi que, dans une moindre mesure, certaines parties des derniers chapitres (en particulier celui sur les chaînes), lui permettent de saisir qu'il y a bien un "esprit C". Les spécificités du langage, présentées après l'acquisition de bases saines et solides, lui seront alors faciles à appréhender. Il pourra ainsi, le cas échéant, passer aisément d'une programmation simple et classique en C à une programmation plus technique, dans l'esprit du C. La démarche inverse aurait été, naturellement, beaucoup plus délicate et incertaine.

Pour ceux d'entre vous qui souhaiteraient utiliser cet ouvrage comme support de cours, voici quelques indications sur la façon dont il s'articule et quelques justifications de certains choix qui ont pu être faits.

- Le chapitre I présente le rôle de l'ordinateur, les grandes lignes de son fonctionnement et la manière de l'utiliser. Il dégage les importantes notions de langage, programme, données et résultats.

- Le chapitre II introduit les notions de variable et de type et la première instruction de base qu'est l'affectation. Il se limite à trois types de base : les entiers (*int*), les flottants (*float*) et les caractères (*char*).

- Le chapitre III est consacré aux deux autres instructions de base que sont la lecture et l'écriture. Il nous a paru utile de les placer à ce niveau pour permettre, le plus rapidement possible, de présenter et de faire écrire des programmes complets.

- Le chapitre IV étudie la structure de choix que permet de réaliser l'instruction *if*. L'instruction *switch*, dite souvent de choix multiple, n'est présentée que beaucoup plus tard (*Compléments 2*), compte tenu de son aspect mal structuré.

- Le chapitre V aborde les structures de répétition, avec les instructions *do… while*, *while* et *for*. Cette dernière est présentée, à ce niveau, comme un outil de simplification de l'écriture d'une répétition inconditionnelle…

- Le chapitre VI présente les "algorithmes élémentaires" les plus usuels : comptage, accumulation, recherche de maximum, imbrications de répétitions. Il donne un aperçu de ce qu'est l'itération.

- Le chapitre VII traite des tableaux, en insistant surtout sur les tableaux à une ou deux dimensions.

- Le chapitre VIII, consacré aux fonctions, montre en quoi le langage C se démarque quelque peu, sur ce point, des autres langages, en ne proposant qu'un seul type de sous-programme. La transmission d'information par le biais de paramètres a été volontairement privilégiée sur l'utilisation de variables globales, en vue de promouvoir de bonnes habitudes de programmation. Nous abordons le cas des tableaux à une ou deux dimensions transmis en paramètre, en nous attachant particulièrement au cas des tableaux dits de "dimensions variables". Certes, la matière est assez délicate mais, nous pensons que sa présentation est utile à ce niveau, compte tenu de son impact sur la façon de penser du futur programmeur. Si on le désire, cette partie peut cependant être totalement ignorée, sans que cela nuise à la suite de l'étude.

- Le chapitre IX introduit l'aspect typé des pointeurs, en montrant comment les utiliser pour permettre à une fonction de modifier la valeur d'un argument. Nous n'avons pas jugé bon d'y parler de ce que l'on nomme l'"arithmétique des pointeurs".

- Le chapitre X présente les chaînes de caractères. Malgré la manière très particulière selon laquelle le langage C représente les chaînes (ou ne les représente pas !), il nous a paru utile de traiter de ce sujet, compte tenu de son importance pratique.

- Le chapitre XI aborde les structures, y compris les situations de structures imbriquées, de tableaux de structures et de structure transmise en paramètre d'une fonction.

- Le chapitre *Compléments 1* fait le point sur tous les types numériques existant en C, ainsi que sur les différentes conversions qu'on peut mettre en œuvre ; notez que ce n'est qu'à ce niveau qu'on présentera le type *char* comme un (petit) type entier particulier.

- Le chapitre *Compléments 2* présente des instructions de contrôle du langage C dont l'aspect non structuré justifie la présentation aussi tardive. Il s'agit de *switch*, *continue*, *break* et… *goto*.

- Enfin, le chapitre *Compléments 3* montre en quoi C est particulièrement atypique dans sa façon de considérer les expressions et dans sa richesse en opérateurs.

Chapitre 1

Ordinateur, programme et langage

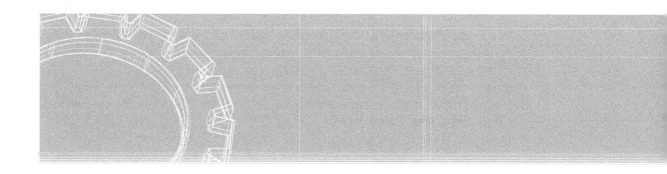

Ce chapitre va vous présenter les notions de programme et de traitement de l'information. Nous examinerons ensuite le rôle de l'ordinateur et ses différents constituants. Nous aborderons alors l'importante notion de langage et nous vous indiquerons succinctement quels sont les concepts fondamentaux que l'on rencontre dans la plupart des langages dits évolués.

1. Le rôle de l'ordinateur

1.1 La multiplicité des applications

Les applications de l'ordinateur sont très nombreuses. En voici quelques exemples :

- analyse numérique,

- prévisions météorologiques,

- synthèse et reconnaissance de la parole,

- aide à la conception électronique (CAO) ou graphique (DAO),

- synthèse d'images,

- bureautique : traitement de texte, tableur, gestion de bases de données…

- gestion et comptabilité : facturation, paye, stocks…

- pilotage de satellites, d'expériences…

- jeux vidéo,

- accès à Internet,

- développement de sites Web ou d'applications Intranet.

1.2 Le programme : source de diversité

Si un ordinateur peut effectuer des tâches aussi variées, c'est essentiellement parce qu'il est possible de le programmer. Effectivement, l'ordinateur est capable de mettre en mémoire un programme qu'on lui fournit, puis de l'exécuter.

Plus précisément, un ordinateur possède un répertoire limité d'opérations élémentaires qu'il sait exécuter très rapidement. Un programme est constitué d'un ensemble de directives, nommées instructions, qui spécifient :

- les opérations élémentaires à exécuter,

- la manière dont elles s'enchaînent.

En définitive, la vitesse d'exécution de l'ordinateur fait sa puissance ; le programme lui donne sa souplesse. En particulier, nous verrons que certaines des instructions permettent soit de répéter plusieurs fois un ensemble donné d'instructions, soit de choisir entre plusieurs ensembles d'instructions.

1.3 Les données du programme, les résultats

Supposez qu'un enseignant dispose d'un ordinateur et d'un programme de calcul de moyennes de notes. Pour s'exécuter, un tel programme nécessite qu'on lui fournisse les notes dont on cherche la moyenne. Nous les appellerons informations données ou plus simplement données. En retour, le programme va fournir la moyenne cherchée. Nous l'appellerons information résultat ou plus simplement résultat. Si le programme a été prévu pour cela, il peut fournir d'autres résultats tels que le nombre de notes supérieures à 10.

De la même manière, un programme de paye nécessite des données telles que le nom des différents employés, leur situation de famille, leur numéro de Sécurité sociale et différentes informations permettant de déterminer leur salaire du mois. Parmi les résultats imprimés sur les différents bulletins de salaire, on trouvera notamment : le salaire brut, les différentes retenues légales, le salaire net…

1.4 Communication ou archivage

D'où proviennent les données ? Que deviennent les résultats ? Les réponses les plus naturelles sont : les données sont communiquées au programme par l'utilisateur ; les résultats sont communiqués à l'utilisateur par le programme.

Cela correspond effectivement à une situation fort classique dans laquelle l'ordinateur doit être en mesure de communiquer avec l'homme. Cependant, les données ne sont pas toujours fournies "manuellement". Par exemple, dans le cas d'un programme de paye, il est probable que certaines informations relativement permanentes (noms, numéros SS…) auront été préalablement archivées. Le programme y accédera alors directement.

De manière analogue, l'intérêt des programmes d'interrogation de bases de données réside manifestement dans la qualité et la quantité d'informations déjà archivées auxquelles ils ont accès. Notez que ces mêmes informations auront dû, en fait, être préalablement archivées par d'autres programmes dont elles constitueront alors les résultats. Ceci montre la relativité de la notion de donnée ou de résultat. Une même information peut être tantôt donnée, tantôt résultat, suivant l'usage que l'on en fait.

En général, cet échange d'informations entre programme et milieu extérieur paraît assez naturel. En revanche, on voit que le programme représente lui-même une information particulière. Comme les données, il sera, soit communiqué à l'ordinateur par l'homme, soit prélevé automatiquement dans des archives (de programmes, cette fois).

Qui plus est, nous verrons, dès que nous parlerons de langage et de traducteur, que l'information programme pourra, elle aussi, apparaître tantôt comme donnée, tantôt comme résultat d'un autre programme.

2. Pour donner une forme à l'information : la notion de codage

2.1 L'ordinateur code l'information

Lorsque nous échangeons de l'information avec d'autres personnes, nous le faisons à l'aide de chiffres, de lettres, de graphiques, de paroles, etc.

Or, pour des raisons purement "technologiques", l'ordinateur ne peut traiter ou manipuler qu'une information exprimée sous forme binaire. On imagine souvent une telle information comme une suite de 0 et de 1, mais on pourrait en fait utiliser n'importe quel couple de symboles (par exemple ; rond blanc et rond noir, ampoule allumée et ampoule éteinte).

Quand vous transmettez une information à l'ordinateur, par exemple en tapant sur les touches d'un clavier, il est nécessaire qu'il la transforme en binaire. Nous dirons qu'il réalise un codage en binaire de cette information. De la même manière, avant de vous fournir un résultat, il devra opérer une transformation symétrique.

2.2 L'homme code l'information

En toute rigueur, l'ordinateur n'est pas le seul à coder l'information. Pour vous en convaincre, considérez cette petite phrase :

```
13, treize, vous avez dit XIII.
```

Vous constatez que la même valeur apparaît exprimée sous trois formes différentes :

```
13
treize
XIII
```

La première forme s'exprime avec deux symboles, chacun étant choisi parmi les chiffres de 0 à 9. Nous disons que nous avons utilisé deux positions d'un code à dix moments (les dix chiffres 0, 1, 2… 9).

La deuxième forme s'exprime avec six symboles (lettres), chacun étant choisi parmi les vingt-six lettres de l'alphabet. Nous disons que nous avons utilisé six positions d'un code à vingt-six moments.

La dernière forme s'exprime avec quatre positions d'un code à sept moments (les lettres représentant les chiffres romains : I, V, X, L, C, M et D).

Quant aux codes binaires employés par l'ordinateur, ce sont tout simplement des codes à deux moments puisqu'il suffit de deux symboles pour exprimer une information binaire. Le choix de ces deux symboles est purement conventionnel ; généralement on emploie les deux premiers chiffres de notre système décimal. Ainsi :

```
10011010
```

représente une information binaire utilisant huit positions. Chaque position porte le nom de bit, terme qui est donc l'équivalent, pour les codes binaires, des termes chiffres ou lettres employés par les codes rencontrés précédemment.

2.3 Ce qui différencie l'homme de l'ordinateur

En définitive, on peut se dire que l'ordinateur et l'homme diffèrent dans leur façon de représenter l'information puisque l'ordinateur ne connaît que le binaire tandis que l'homme est capable d'utiliser une très grande variété de codes. Mais est-ce bien la seule différence ?

En fait, lorsque, dans un texte, vous rencontrez "13" ou "bonjour", il n'est pas besoin qu'on vous précise quel code a été effectivement employé. Au vu des symboles utilisés, vous arrivez à leur attribuer une signification. Qui plus est, lorsque vous rencontrez "XIII" dans la petite phrase du paragraphe 2.2, vous reconnaissez immédiatement le code "chiffres romains" et non plus le code "lettres de l'alphabet" (et ceci, bien que les chiffres romains soient des lettres de l'alphabet !). Dans ce cas, vous avez utilisé votre expérience, votre intelligence et le contexte de la phrase pour attribuer une signification à "XIII".

Le binaire, en revanche, est beaucoup moins naturel, non seulement pour l'homme mais également pour l'ordinateur. Pour vous en convaincre, imaginez que vous ayez besoin de savoir ce que représentent les huit bits 00101001. Certes, vous pouvez toujours dire que cela peut représenter l'écriture en binaire du nombre entier 41. Mais pourquoi cela représenterait-il un nombre ? En effet, toutes les informations (nombres, lettres, instructions de programme, dessins…) devront, au bout du compte, être codées en binaire. Dans ces conditions, les huit bits ci-dessus peuvent très bien représenter une lettre ou une instruction de programme ou…

En définitive, nous voyons que l'ordinateur code l'information ; l'homme fait de même. Cependant, on pourrait dire que l'ordinateur "code plus" que l'homme ; en effet, il n'est pas possible d'attribuer un sens à la seule vue d'une information binaire. Il est, en outre, nécessaire de savoir comment elle a été codée. Nous verrons qu'une conséquence immédiate de ce phénomène réside dans l'importante notion de type.

3. Comment fonctionne l'ordinateur

Après avoir vu quel était le rôle de l'ordinateur, nous allons maintenant vous montrer succinctement de quoi il est constitué et comment il fonctionnne.

3.1 À chacun son rôle

Nous avons donc vu qu'un ordinateur :

- traite l'information grâce à un programme qu'il mémorise,

- communique et archive des informations.

Ces différentes fonctions correspondent en fait à trois constituants différents :

- La mémoire centrale, qui permet de mémoriser les programmes pendant le temps nécessaire à leur exécution. On y trouve également les informations temporaires manipulées par ces programmes : données après leur introduction, résultats avant leur communication à l'extérieur, informations intermédiaires apparaissant pendant le déroulement d'un programme ; signalons que, parfois, on emploie le terme donnée à la place de celui d'information : on dit alors qu'en mémoire centrale, on trouve à la fois le programme et les données manipulées par ce programme.

- L'unité centrale, qui est la partie active de l'ordinateur. Elle est chargée de prélever en mémoire, une à une, chaque instruction de programme et de l'exécuter. D'ores et déjà, nous pouvons distinguer deux sortes d'instructions :

  • celles qui agissent sur des informations situées en mémoire centrale ; ce sont elles qui permettent véritablement d'effectuer le traitement escompté ;

- celles qui assurent la communication ou l'archivage d'informations ; elles réalisent en fait un échange d'informations entre la mémoire centrale et d'autres dispositifs nommés périphériques.

■ Les périphériques (évoqués ci-dessus), qui correspondent à tous les appareils susceptibles d'échanger des informations avec la mémoire centrale. On en distingue deux sortes :

- ceux qui assurent la communication entre l'homme et l'ordinateur : clavier, écran, imprimante, souris...

- ceux qui assurent l'archivage d'informations : disque dur, disquette, CD-ROM, DVD, bande, cassette... Ils ont un rôle de mémorisation d'informations, au même titre que la mémoire centrale dont ils constituent en quelque sorte un prolongement ; nous verrons d'ailleurs que leur existence ne se justifie que pour des considérations de coût.

Examinons maintenant le fonctionnement de chacun des constituants de l'ordinateur.

3.2 La mémoire centrale

Comme nous l'avons déjà évoqué, il se trouve qu'actuellement ce sont les systèmes de mémorisation binaire qui sont les moins coûteux. C'est pourquoi la mémoire centrale est formée d'éléments dont chacun ne peut prendre que deux états distincts. Autrement dit, chacun de ces éléments correspondant à un "bit" d'information.

Pour que la mémoire soit utilisable, il faut que l'unité centrale puisse y placer une information et la retrouver. Dans toutes les machines actuelles, cela se fait en manipulant, non pas un simple bit, mais au minimum un groupe de huit bits qu'on nomme un octet. Chaque octet est repéré par un numéro qu'on nomme son adresse. Un dispositif, associé à cette mémoire permet :

■ soit d'aller chercher en mémoire un octet d'adresse donnée ; notez bien que, dans ce cas, le contenu du mot en question n'est pas modifié (il n'y a pas vraiment "prélèvement", mais plutôt "recopie"),

■ soit d'aller ranger une information donnée dans un octet d'adresse donnée ; naturellement, l'ancienne information figurant à cette adresse est remplacée par la nouvelle.

En général, les différents octets de la mémoire peuvent accueillir indifféremment des instructions de programme ou des informations.

La plupart des machines actuelles offrent la possibilité de manipuler simultanément plusieurs octets consécutifs. On parle parfois de mot pour désigner un nombre donné d'octets (mais ce nombre varie d'une machine à l'autre).

 À la place du terme "mémoire centrale", on emploie également souvent celui de "mémoire vive", ou encore de "RAM", abréviation de Random Access Memory (mémoire à accès aléatoire).

3.3 L'unité centrale

Elle sait exécuter, très rapidement, un certain nombre d'opérations très simples telles que :

- addition, soustraction, multiplication ou division de nombres codés dans des mots (suite d'octets) de la mémoire centrale,
- comparaison de valeurs contenues dans deux octets ou dans deux mots,
- communication à un périphérique d'une information élémentaire (contenue dans un octet ou un mot).

Chaque instruction de programme doit préciser :

- la nature de l'opération à réaliser ; il s'agit d'un numéro (codé en binaire, bien sûr) qu'on appelle "code opération" ;
- les adresses (ou l'adresse) des informations sur lesquelles doit porter l'opération.

L'unité centrale est conçue pour exécuter les instructions dans l'ordre naturel où elles figurent en mémoire. Cependant, pour qu'un programme puisse réaliser des choix ou des répétitions, il est nécessaire de pouvoir rompre cet ordre. C'est pourquoi il existe également des instructions particulières dites de branchement. Elles demandent à l'unité centrale de poursuivre l'exécution du programme à une adresse donnée, au lieu de poursuivre naturellement "en séquence". Ces branchements peuvent être conditionnels ; autrement dit, ils peuvent n'avoir lieu que si une certaine condition (par exemple égalité de deux valeurs) est réalisée.

3.4 Les périphériques

Comme nous l'avons vu, ils servent à échanger de l'information avec la mémoire centrale et ils se classent en deux grandes catégories : communication, archivage.

a) Les périphériques de communication

Les plus répandus sont certainement le clavier, l'écran, l'imprimante et la souris. Il en existe cependant beaucoup d'autres tels que les scanners, les tables traçantes, les écrans tactiles, les synthétiseurs de parole, les lecteurs optiques de caractères, les lecteurs de codes-barres…

b) Les périphériques d'archivage

La mémoire centrale permet des accès très rapides à l'information qu'elle contient. Mais son coût est élevé ; cela est dû à la technologie utilisée qui doit permettre d'accéder directement à un octet d'adresse quelconque. En outre, elle est généralement "volatile", c'est-à-dire que sa mise hors tension provoque la disparition de la totalité de l'information qu'elle contient.

Les périphériques d'archivage pallient ces difficultés en fournissant à la fois des mémoires permanentes et des coûts beaucoup plus faibles. En contrepartie, l'accès à l'information y est beaucoup plus lent. Deux grandes catégories de périphériques d'archivage sont en concurrence :

- Les périphériques ne permettant qu'un accès séquentiel à l'information : bandes ou cassettes magnétiques ; pour accéder à un octet quelconque, il est nécessaire de parcourir toute l'information qui le précède, à l'image de ce que vous faites avec un lecteur de cassettes audio ou vidéo.

- Les périphériques permettant l'accès direct à l'information : disques magnétiques, disquettes, CD, DVD... Ils permettent d'accéder presque directement à un octet, à l'image de ce que vous faites avec un lecteur de CD audio ou vidéo ; plus précisément, l'information y est rangée suivant des pistes concentriques et un mécanisme permet d'accéder mécaniquement à l'une quelconque de ces pistes : la lecture de cette piste est ensuite séquentielle.

La première catégorie de périphériques ne doit sa survie qu'à son coût moins élevé que la seconde ; elle a plutôt tendance à régresser.

4. Comment parler à l'ordinateur

4.1 En langage machine ou dans un langage de notre cru

Comme nous l'avons vu, l'ordinateur ne sait exécuter qu'un nombre limité d'opérations élémentaires, dictées par des instructions de programme et codées en binaire. On traduit cela en disant que l'ordinateur ne sait "comprendre" que le langage machine.

Mais, fort heureusement, cela ne signifie nullement que tout programme doive être réalisé dans ce langage machine. En effet, et c'est là qu'intervient la seconde idée fondamentale de l'informatique (après celle de programme enregistré) : employer l'ordinateur lui-même (ou, plus précisément, un programme) pour effectuer la traduction du langage employé dans celui de l'ordinateur.

Nous ne pouvons pas pour autant utiliser n'importe quel langage de notre choix. En effet, il ne suffit pas de définir un langage, il faut qu'il puisse être traduit en langage machine, ce qui lui impose nécessairement des contraintes telles qu'un langage naturel comme le français a bien peu de chances de convenir. En outre, il faut que le programme de traduction existe réellement. Tout ceci explique qu'à l'heure actuelle on doive se restreindre à des langages ayant un nombre très limité de mots, avec des règles de syntaxe assez rigoureuses.

4.2 En langage assembleur

Supposons, de façon un peu simplifiée, que l'on soit en présence d'un ordinateur pour lequel l'instruction machine :

```
0101010011011010
```

signifie : additionner (code opération 0101) les valeurs situées aux adresses 010011 et 011010.

Nous pouvons choisir d'exprimer cela sous une forme un peu plus parlante, par exemple :

```
ADD A, B
```

Pour que la chose soit réalisable, il suffit de disposer d'un programme capable de convertir le symbole ADD en 0101 et de remplacer les symboles A et B par des adresses binaires (ici 010011 et 011010).

Sans entrer dans le détail des tâches précises que doit réaliser un tel programme, on voit bien :

- qu'il doit faire correspondre un code opération à un symbole mnémonique,

- qu'il doit être capable de décider des adresses à attribuer à chacun des symboles tels que A et B ; notamment, à la première rencontre d'un nouveau symbole, il doit lui attribuer une adresse parmi les emplacements disponibles (qu'il lui faut gérer) ; à une rencontre ultérieure de ce même symbole, il doit retrouver l'adresse qu'il lui a attribuée.

Tous les constructeurs sont en mesure de fournir avec leur ordinateur un programme capable de traduire un langage du type de celui que nous venons d'évoquer. Un tel langage se nomme langage d'assemblage ou encore assembleur. Le programme de traduction correspondant se nomme, lui aussi, assembleur.

Bien qu'ils se ressemblent, tous les ordinateurs n'ont pas exactement le même répertoire d'instructions machine. Dans ces conditions, chaque modèle d'ordinateur possède son propre assembleur. D'autre part, même si un tel langage est plus facile à manipuler que le langage machine, il ne s'en distingue que par son caractère symbolique, pour ne pas dire mnémonique. Les deux langages (assembleur et langage machine) possèdent pratiquement les mêmes instructions ; seule diffère la façon de les exprimer. Dans tous les cas, l'emploi de l'assembleur nécessite une bonne connaissance du fonctionnement de l'ordinateur utilisé. On exprime souvent cela en disant que ce langage est orienté machine. Réaliser un programme dans ce langage nécessite de penser davantage à la machine qu'au problème à résoudre.

4.3 En langage évolué

Très vite est apparu l'intérêt de définir des langages généraux utilisables sur n'importe quel ordinateur et orientés problème, autrement dit permettant aux utilisateurs de penser davantage à leur problème qu'à la machine.

C'est ainsi que sont apparus de très nombreux langages que l'on a qualifiés d'évolués. La plupart sont tombés dans l'oubli mais quelques-uns sont passés à la postérité : Fortran, Basic, Cobol, Pascal, ADA, C, C++, Java…

Dès maintenant, vous pouvez percevoir l'intérêt d'un langage évolué en examinant l'intruction suivante ; écrite ici en langage C, elle se retrouverait sous une forme très voisine dans la plupart des autres langages :

```
Y = A * X + 2 * B + C
```

Sa signification est quasi évidente : à partir des valeurs contenues dans les emplacements nommés *A, X, B* et *C*, calculer la valeur de l'expression arithmétique *A*X + 2*B + C* (le symbole * représente une multiplication), puis ranger le résultat dans l'emplacement nommé *Y.*

Comme vous pouvez vous en douter, le même travail demanderait bon nombre d'opérations en langage machine (ou en assembleur), par exemple : prélever la valeur de *A*, la multiplier par celle de *X*, ranger le résultat dans un emplacement provisoire, prélever la valeur de *B*, la multiplier par 2, ajouter la valeur provisoire précédente, ajouter la valeur de *C* et, enfin, ranger le résultat final en *Y.*

Bien entendu, quel que soit le langage évolué utilisé, il est nécessaire d'en réaliser, par programme, la traduction en langage machine. Un tel programme se nomme un compilateur (on parle de compilateur C, de compilateur Pascal…), et l'opération de traduction correspondante se nomme une compilation. Notez que cette traduction se fait de façon globale, c'est-à-dire que l'ensemble du programme en langage évolué est, dans un premier temps, traduit intégralement en langage machine ; puis, si cette traduction s'est déroulée sans erreurs, le programme ainsi créé est exécuté.

5. Les concepts de base des langages évolués

Si l'on se limite aux langages "classiques" (dits souvent "procéduraux") auxquels appartient précisément le C, on peut dire que, malgré leur multitude, ils se basent sur un bon nombre de principes fondamentaux communs.

Certains découlent immédiatement de la nature même de l'ordinateur et de l'existence d'un programme de traduction. C'est, par exemple, le cas de la notion de variable que nous avons rencontrée sans la nommer : elle consiste à donner un nom à un emplacement de la mémoire destiné à contenir une information : elle est donc liée à la fois à la notion technologique d'adresse et à l'existence d'un compilateur. De même, tout langage possède :

- des instructions dites d'affectation : analogues à celle présentée dans le paragraphe 4.3, elles permettent de calculer la valeur d'une expression et de la ranger dans une "variable" ;

- des instructions permettant d'échanger des informations entre la mémoire et des périphériques (qu'ils soient de communication ou d'archivage) ; on parle d'instructions :

  - de lecture, lorsque l'échange a lieu du périphérique vers la mémoire,

  - d'écriture, lorsque l'échange a lieu de la mémoire vers le périphérique.

D'autres concepts, plus théoriques, ont été inventés par l'homme pour faciliter l'activité de programmation. C'est notamment le cas de ce que l'on nomme les structures de contrôle et les structures de données.

Les structures de contrôle servent, dans un langage évolué, à préciser comment doivent s'enchaîner les instructions d'un programme ; en particulier, elles permettent d'exprimer les répétitions et les choix que nous avons déjà mentionnés : on parle alors de structure de choix ou de structure de répétition. Bien entendu, au bout du compte, après traduction du programme, ces structures se ramènent à des instructions machine et elles font finalement intervenir des instructions de branchement.

Les structures de données (attention, ici, le mot donnée est employé au sens général d'information) servent à mieux représenter les informations qui doivent être manipulées par un programme. C'est le cas de la notion de tableau dans laquelle un seul nom permet de désigner une liste ordonnée de valeurs, chaque valeur étant repérée par un numéro nommé indice. Bien entendu, là encore, au bout du compte, à chaque valeur correspondra un emplacement défini par son adresse.

Enfin, dans tout langage évolué, l'existence même d'un compilateur conduira tout naturellement à distinguer deux sortes d'instructions : les instructions exécutables et les déclarations.

Les instructions exécutables correspondent à l'idée intuitive qu'on se fait d'une instruction, à savoir qu'elles amènent le compilateur à produire effectivement des instructions machine. Les instructions de déclaration, en revanche, n'ont d'autre objectif que de permettre de fournir au compilateur des renseignements qui lui sont utiles pour mener à bien son opération de traduction.

La plus importante des instructions de déclaration est celle qui permet de définir ce que l'on nomme le type d'une variable, c'est-à-dire la manière dont les valeurs correspondantes devront être codées en binaire.

Résumé

Pour des raisons purement technologiques, toutes les informations manipulées par un ordinateur sont codées en binaire (code à deux moments), alors que, dans la vie courante, nous employons une grande variété de codages qui nous paraissent généralement très naturels.

Un ordinateur comporte :

■ la mémoire centrale : elle sert à mémoriser le programme en langage machine pendant le temps nécessaire à son exécution, ainsi que des informations temporaires qu'il manipule ; elle est composée d'un suite d'octets (groupes de 8 bits), repérés chacun par une adresse ;

■ l'unité centrale : elle exécute une à une les différentes instructions du programme, en suivant leur ordre naturel, sauf en cas de rencontre d'une instruction de branchement ;

■ les périphériques : on rencontre à la fois :

  • des périphériques de communication : ils assurent l'échange d'informations entre l'homme et la machine ; les plus usuels sont le clavier et l'écran ;

  • des périphériques d'archivage : ils permettent de conserver de façon permanente de grandes quantités d'informations.

Il est possible de s'affranchir du langage machine en faisant appel à un langage de programmation dit évolué (tel que le langage C), à condition de disposer d'un programme approprié de traduction qu'on nomme un compilateur.

Les différents langages évolués reposent sur des concepts communs :

■ la variable : il s'agit d'un nom qu'on donne à un emplacement de la mémoire destiné à contenir une information ;

■ les instructions de base : affectation, lecture et écriture ;

■ les structures de contrôle : elles permettent de programmer les choix et les répétitions ;

■ les structures de données, en particulier les tableaux.

Dans un langage évolué, on distingue les instructions exécutables des instructions de déclaration.

Chapitre 2

Les variables et l'instruction d'affectation

Tout le travail d'un programme s'articule autour des notions de variable et de type que nous allons approfondir ici. Nous étudierons ensuite l'instruction la plus importante qu'est l'affectation, en l'appliquant à trois des types du langage C, à savoir le type entier, le type flottant et le type caractère.

1. La variable

Une variable est un nom qui sert à repérer un emplacement en mémoire, dont on peut faire évoluer la valeur, au fil du déroulement du programme.

1.1 Les noms de variables

Vous avez une grande liberté dans le choix des noms de variables, de sorte que vous pouvez facilement choisir des noms évocateurs des informations qu'ils désignent ; par exemple, montant est certainement un meilleur choix que x pour désigner le montant d'une facture.

Cependant, quelques contraintes doivent être respectées dans l'écriture des noms de variable en langage C :

- les caractères utilisés doivent être obligatoirement choisis parmi les 26 lettres majuscules ou les 26 lettres minuscules de l'alphabet, les chiffres de 0 à 9 et le caratère nommé "souligné" (_) ; notez bien que les caractères accentués ne sont pas admis, pas plus que "ç" ;

- le premier caractère doit obligatoirement être différent d'un chiffre ;

- un nom ne doit pas comporter plus de 32 caractères (si vous le faites, le langage C l'acceptera, mais il ne tiendra pas compte des caractères superflus) ;

- aucun espace ne peut figurer dans un nom (il en va de même en français !) ;

- les majuscules sont distinguées des minuscules ; ainsi *Ligne* et *ligne* désignent deux noms différents.

Voici quelques noms corrects :

```
A   A1   n   n_1   nombre_1   racine_carree   taxe_a_la_valeur_ajoutee
```

et quelques noms incorrects :

```
1b (il commence par un chiffre),
nombre 1 (il comporte un espace),
Racine_carrée (il comporte un caractère accentué),
nombre-1 (il comporte un signe - qui n'est ni une lettre ni un chiffre).
```

1.2 Attention aux habitudes de l'algèbre

Ce terme de variable évoque probablement celui qu'on emploie en mathématiques. Toutefois, pas mal de choses séparent la variable informatique de la variable mathématique.

Tout d'abord, leurs noms s'écrivent différemment : en mathématiques, on utilise un seul symbole (mais on peut créer des symboles de son choix, utiliser l'alphabet grec…).

Ensuite, et surtout, de par sa nature, une variable informatique ne peut contenir qu'une seule valeur à un instant donné. Bien sûr, cette valeur pourra évoluer sous l'action de certaines instructions du programme. En mathématiques, en revanche, la situation est fort différente. En voici deux exemples :

- dans l'affirmation soit x appartenant à N, le symbole x désigne n'importe quelle valeur entière,

- dans l'équation $ax^2 + bx + c = 0$, x désigne simultanément les deux racines (si elles existent) de l'équation.

1.3 La notion de type d'une variable et la déclaration correspondante

Nous avons déjà vu que toute information devait, au bout du compte, être codée en binaire. Il en va donc ainsi notamment du contenu des variables. Or, ces dernières servent à conserver différentes sortes d'informations : nombres entiers, nombres réels, caractères… Chaque sorte d'information devra disposer d'un codage approprié et on parlera de type d'une variable.

On notera bien qu'en langage C (comme dans la plupart des langages) à un type donné correspond toujours un nombre d'octets (donc, de bits) donné et, par conséquent, un nombre limité de valeurs différentes ; ces dernières correspondent aux combinaisons qu'on peut réaliser avec les bits en question : par exemple, avec un octet (8 bits), on ne pourra représenter que 2^8 (256) valeurs différentes. De telles limitations n'existent pas en mathématiques puisque vous pouvez y écrire des nombres aussi grands que voulu.

Dès le paragraphe 3, nous vous présenterons trois des principaux types du langage C, à savoir :

- *int* : nombres entiers,

- *float* : approximation de nombres réels,

- *char* : caractères (lettres, chiffres, signes…).

Dans un programme, vous choisirez le type de vos variables à l'aide d'instructions de déclaration, dont voici quelques exemples :

```
int n, p ;
float valeur, res, x1, x2 ;
char reponse ;
```

Comme nous le verrons, la plupart des instructions du langage C sont terminées par un point-virgule. Ici, nous avons placé une instruction par ligne mais ce n'est pas une obligation. En C, les instructions de déclaration doivent précéder les instructions exécutables. En revanche, vous pourrez utiliser autant d'instructions de déclaration de type que vous le souhaitez et il n'est pas nécessaire de regrouper toutes les variables de même type dans une même instruction. Par exemple, les trois instructions précédentes pourraient être remplacées par :

```
int n ;
float valeur, res ;
char reponse ;
int p ;
float x1, x2 ;
```

Remarques En C, comme dans beaucoup de langages, le type d'une variable est fixé pour toute la durée du programme.

Si la déclaration d'une variable amène le compilateur à lui réserver un emplacement en mémoire, elle ne fournit aucune valeur initiale ; nous reviendrons sur ce point dans les paragraphes 8 et 9.

2. Généralités sur l'instruction d'affectation

Ce paragraphe va vous familiariser avec le mécanisme de l'instruction d'affectation. Pour ce faire, nous nous limiterons à des exemples intuitifs dans lesquels la notion de type intervient peu (parce que, en fait, on se limite, sans le dire encore, au seul type *int*).

2.1 Le rôle de l'instruction d'affectation

Voyons tout d'abord ces deux exemples, dans lesquels nous supposons, pour fixer les idées, que les variables *n* et *p* ont été déclarées de type *int* :

```
n = 10 ;
p = 2 * n - 3 ;
```

La première instruction demande de placer (on dit aussi "affecter") la valeur 10 dans la variable *n*.

La seconde instruction demande :

- de calculer la valeur de l'expression *2 * n - 3* (c'est-à-dire de multiplier la valeur de *n* par 2 et de soustraire 3…),

- de ranger le résultat ainsi obtenu dans la variable *p*.

D'une manière générale, on peut dire qu'une instruction d'affectation a pour rôle :

- de calculer la valeur de l'expression figurant à droite du signe égal ; dans le premier cas, cette expression se réduit à une simple constante (10) ; dans le second cas, il faut effectivement réaliser certains calculs ;

- de ranger le résultat obtenu dans la variable mentionnée à gauche du signe égal.

Il est très important de savoir que, lorsque l'on détermine la valeur d'une expression, on ne modifie pas les valeurs des variables qui y apparaissent. Ainsi, l'instruction :

```
b = a + 3 ;
```

détermine la valeur de *a + 3*, sans modifier la valeur actuelle de *a*.

En revanche, si la variable réceptrice (*b* dans notre exemple) comporte déjà une valeur, cette dernière est purement et simplement remplacée par celle qui vient d'être déterminée.

Voici un exemple illustrant ces deux points. Pour chaque variable, nous indiquons quelle est sa valeur après l'exécution de chacune des instructions mentionnées :

		a	b
(1)	$a = 1$	1	–
(2)	$b = a + 3$	1	4
(3)	$a = 3$	3	4

Après exécution de (1), la variable a contient la valeur 1 ; nous avons placé un tiret (-) dans la colonne de *b* pour montrer que cette variable n'a pas encore reçu de valeur. L'instruction (2) effectue le calcul de l'expression *a* + 3, ce qui donne la valeur 4 ; cette dernière est rangée dans *b*. La valeur de *a* (1) reste inchangée. Enfin, l'instruction (3) range dans *a* la valeur 3. Son ancienne valeur (1) est perdue.

Exercice II.1   En procédant comme ci-dessus, dites quelles seront les valeurs des variables *a*, *b* et *c* (supposées de type entier), après l'exécution de chacune des instructions :

```
a = 5 ;
b = 3 ;
c = a + b ;
a = 2 ;
c = b - a ;
```

2.2 Quelques précautions

Le rôle de l'instruction d'affectation paraît simple à première vue, mais de nombreuses confusions apparaissent souvent par la suite. Elle sont dues, pour la plupart, à une assimilation de l'affectation à une égalité mathématique, induite par la présence du signe "=". Nous vous proposons quatre exemples de réflexion.

1. Les deux instructions :

```
a = b ;
b = a ;
```

ne sont pas identiques ; la première place dans *a* la valeur de *b* tandis que la seconde place dans *b* la valeur de *a*.

2. En mathématiques, on travaille avec des relations ; ainsi :

```
b = a + 1
```

signifie que, tout au long de vos calculs, *a* et *b* vérifieront toujours cette relation. Autrement dit, quel que soit *a*, *b* sera toujour égal à *a + 1*.

En informatique, on travaille avec des affectations. Si vous considérez ces trois instructions :

```
a = 5 ;
b = a + 1 ;
a = 2 ;
```

la deuxième donne à *b* la valeur de *a + 1*, c'est-à-dire 6. En revanche, la troisième donne à *a* la valeur *2* sans que la valeur de *b* ne soit changée. L'action de l'instruction *b = a + 1* est purement instantanée et n'a donc rien à voir avec une relation mathématique.

3. L'instruction :

```
a = a + 1 ;
```

signifie : calculer l'expression *a + 1* et ranger le résultat dans *a*. Cela revient à augmenter de un la valeur de *a*. Ce type d'instruction où la même variable apparaît de part et d'autre du signe égal sera à la base de la solution de nombreux problèmes.

Notez qu'en mathématiques la relation *a = a + 1* est fausse.

4. Enfin, par définition de l'instruction d'affectation, l'écriture :

```
a + 5 = 3 ;
```

n'a pas de sens. On ne peut attribuer de valeur à une expression, mais seulement à une variable. Là encore, les choses sont différentes en mathématiques où *a + 5 = 3* a un sens (c'est une banale équation !).

Exercice II.2 Qu'obtiendra-t-on dans les variables *a* et *b* (supposées de type entier), après exécution des instructions suivantes (dans cet ordre) :

```
a = 5 ;
b = a + 4 ;
a = a + 1 ;
b = a - 4 ;
```

Exercice II.3

a) Qu'obtiendra-t-on dans les variables *n1* et *n2* après exécution des instructions :

```
n1 = 5 ;
n2 = 7 ;
n1 = n2 ;
n2 = n1 ;
```

b) Même question avec les instructions :

```
n1 = 5 ;
n2 = 7 ;
n2 = n1 ;
n1 = n2 ;
```

2.3 Comment échanger les valeurs de deux variables

Le dernier exercice vous a montré qu'il n'est pas possible d'échanger les valeurs de deux variables *a* et *b*, en commençant par :

```
a = b ;
```

puisque cette instruction détruit l'ancienne valeur de *a*. Une solution consiste à utiliser une variable supplémentaire, destinée à contenir temporairement une copie de la valeur de *a*, avant que cette dernière ne soit écrasée par la valeur de *b*. Voici le déroulement de l'opération, en supposant qu'initialement nos variables *a* et *b* contiennent respectivement les valeurs 5 et 7 :

		a	*b*	*c*
		5	7	–
	$c = a$	5	7	5
(2)	$a = b$	7	7	5
(3)	$b = c$	7	5	5

 II.4   Soit trois variables *a*, *b* et *c* (supposées de type entier). Écrivez les instructions permutant leurs valeurs, de sorte que la valeur de *a* passe dans *b*, celle de *b* dans *c* et celle de *c* dans *a*. On utilisera une (et une seule) variable supplémentaire nommée *d* (de type entier).

2.4 Affectation et expression

Même sur des exemples d'instruction d'affectation aussi simples que ceux que nous venons de rencontrer, nous pouvons remarquer que l'expression figurant à droite du signe égal fait intervenir trois sortes d'éléments :

- des variables ;

- des constantes, comme 1 ou 5 ;

- des opérateurs, comme + ou -, qui précisent les opérations à effectuer.

Jusqu'ici, nous n'avons pas tenu compte du type des informations manipulées (qu'il s'agisse des constantes ou des variables). Nous allons le faire maintenant en étudiant deux des types numériques (c'est-à-dire permettant de représenter des nombres) du langage C : le type *int* et le type *float*.

Auparavant, il est très important de savoir que les différents opérateurs du langage C ne sont a priori définis que lorsqu'ils portent sur deux valeurs d'un même type : on sait additionner deux entiers ou deux flottants, mais pas un entier et un flottant (en mathématiques, on a rarement à se préoccuper de cela).

C'est pourquoi, dans un premier temps, nous examinerons des instructions d'affectation ne faisant intervenir que des éléments d'un même type, et ceci aussi bien pour l'expression que pour la variable réceptrice. On voit, au passage, qu'il sera tout aussi important de connaître le type d'une constante que celui d'une variable. Il faut donc que le compilateur dispose d'une règle précise lui permettant d'attribuer un type à une constante ; pour ce faire, nous verrons qu'il se base sur la manière dont elle est écrite (par exemple, 5 est une constante entière, tandis que 5. sera une constante flottante…).

Nous verrons ensuite comment il est possible, en C :

- d'écrire des "expressions mixtes", c'est-à-dire des expressions dans lesquelles apparaissent des variables et des constantes de types différents ;

- d'introduire des "conversions" de type en affectant à une variable d'un certain type une valeur d'un autre type.

Enfin, nous parlerons du type *char* qui permet de représenter les caractères.

3. Le type entier : int

3.1 Le codage dans le type int

Ce type, que nous avons utilisé implicitement dans le paragraphe précédent, permet de représenter des nombres entiers relatifs suivant un nombre d'octets (souvent 2 ou 4) qui dépend de l'ordinateur et du compilateur employés.

Le mécanisme détaillé du codage correspondant vous sera présenté dans le chapitre *Compléments 1* (en fin d'ouvrage). Pour l'instant, il vous suffit simplement de savoir qu'un tel codage impose obligatoirement des limites aux valeurs qu'il est possible de représenter ; par exemple, un nombre entier codé sur 16 bits (2 octets) pourra prendre des valeurs allant de -32768 à 32767. De telles limites sont analogues à celles que l'on rencontre avec notre système décimal habituel, lorsqu'on se borne à un nombre donné de chiffres.

3.2 Les constantes de type int

Elles s'écrivent simplement, comme en mathématiques, sous forme décimale, avec ou sans signe, comme dans ces exemples :

```
+533     48     -273
```

Notez cependant que les espaces ne sont pas autorisés ; l'écriture 1 000 serait incorrecte.

Rappelons que le type d'une variable est choisi par le programmeur à l'aide d'une instruction de déclaration. Celui d'une constante est défini par le compilateur lui-même, en fonction de la manière dont elle est écrite.

3.3 Les opérateurs relatifs au type int

Comme on peut s'y attendre, on dispose, en C, des quatre opérateurs usuels :

- \+ pour l'addition, comme dans $n + 3$ ou $n + p$,

- \- pour la soustraction, comme dans $n - p$,

- * pour la multiplication, comme dans $n*5$ ou $n*p$,

- / pour la division, comme dans $n/3$ ou n/p : attention, il s'agit de la division entière, autrement dit la division de l'entier 11 par l'entier 4 conduit à la valeur entière 2.

En outre, il existe :

- un opérateur dit "de modulo", noté %, qui correspond au reste de la division entière (ou "division euclidienne") ; par exemple 11 % 4 vaut 3 (la division de 11 par 4 a pour reste 3) ;

- un opérateur "opposé", noté - (comme en algèbre). Notez que ce dernier, contrairement aux précédents, ne porte que sur un seul terme (comme dans, par exemple, *-n*) ; il est dit "unaire", les autres étant dits "binaires" car portant toujours sur deux termes ; il y a donc deux opérateurs notés - (un unaire pour l'opposé, un binaire pour la soustraction).

Lorsque plusieurs opérateurs apparaissent dans une même expression, il est nécessaire de savoir dans quel ordre ils sont mis en jeu. En C, comme dans les autres langages, les règles de priorité sont "naturelles" et rejoignent celles de l'algèbre traditionnelle.

L'opérateur unaire - (opposé) a la priorité la plus élevée. On trouve ensuite, à un même niveau, les opérateurs *, / et %. Enfin, sur un dernier niveau, apparaissent les opérateurs binaires + et -.

En cas de priorités identiques, les calculs s'effectuent de gauche à droite.

Enfin, des parenthèses permettent d'outrepasser ces règles de priorité, en forçant le calcul préalable de l'expression qu'elles contiennent. Notez que ces parenthèses peuvent également être employées pour assurer une meilleure lisibilité d'une expression.

Voici quelques exemples dans lesquels l'expression de droite, où des parenthèses superflues ont été introduites, montre dans quel ordre s'effectuent les calculs (les deux expressions proposées conduisent donc aux mêmes résultats) :

```
a + b * c              a + ( b * c )
a * b + c % d          ( a * b ) + ( c % d )
- c % d                ( - c ) % d
- a + c % d            ( - a ) + ( c % d )
- a / - b + c          ( ( - a ) / ( - b ) ) + c
- a / - ( b + c )      ( - a ) / ( - ( b + c ) )
```

Exercice II.5 En supposant que les variables *n*, *p* et *q* sont de type *int* et qu'elles contiennent respectivement les valeurs 8, 13 et 29, quelles sont les valeurs des expressions suivantes :

```
n + p / q
n + q / p
(n + q) / p
n + p % q
n + q % p
(n + q) % p
n + p / n + p
(n + p) / (n + p)
```

Remarques Il est tout à fait possible qu'une opération portant sur deux valeurs entières conduise à un résultat non représentable dans le type *int*, parce que en dehors des limites permises, lesquelles, rappelons-le, dépendent de la machine employée. Dans ce cas, la plupart du temps, on obtient un résultat aberrant : les bits excédentaires sont ignorés, le résultat est analogue à celui obtenu lorsque la somme de deux nombres à trois chiffres est un nombre à quatre chiffres dont on élimine le chiffre de gauche ; l'exécution du programme se poursuit sans que l'utilisateur ait été informé d'une quelconque anomalie.

De la même manière, il se peut qu'à un moment donné vous cherchiez à diviser un entier par zéro. Cette fois, la plupart du temps, cette anomalie est effectivement détectée : un message d'erreur est fourni à l'utilisateur, et l'exécution du programme est interrompue.

4. Le type réel : float

4.1 Le codage dans le type float

Comme on peut s'en douter, beaucoup de calculs ne peuvent se contenter du type entier. Par exemple, comment calculer la surface d'un cercle de rayon donné ?

Précisément, le type float permet de représenter, de manière approchée, des nombres réels.

Là encore, le mécanisme détaillé du codage correspondant vous sera présenté dans le chapitre *Compléments 1* (en fin d'ouvrage). Pour l'instant, il vous suffit de savoir qu'il se fonde sur une représentation analogue à celle employée par les calculettes scientifiques comme, par exemple, dans *0.6235E11* (E, comme exposant, signifiant 10 puissance). Bien sûr, la mantisse (ici 0.6235) et l'exposant (ici 11) sont exprimés en binaire. Deux éléments essentiels interviennent dans un tel codage :

- les nombres réels y sont représentés de manière approchée,

- il y a des limites aux valeurs que l'on peut ainsi représenter : leur valeur absolue ne doit être ni trop grande, ni trop petite.

4.2 Les constantes de type float

En langage C, comme dans la plupart des langages, ainsi que sur les calculettes scientifiques, les constantes flottantes peuvent s'écrire indifféremment suivant l'une des deux notations :

- décimale,

- exponentielle.

La notation décimale doit comporter obligatoirement un point (correspondant à notre virgule). La partie entière ou la partie décimale peuvent être omises (mais, bien sûr, pas toutes les deux en même temps !). En voici quelques exemples corrects :

```
    12.43     -0.38     -.38     4.     .27
```

En revanche, la constante *47* serait considérée comme entière et non comme flottante. Dans la pratique, ce fait aura peu d'importance, compte tenu des conversions automatiques qui seront mises en place par le compilateur (et dont nous parlerons dans le paragraphe suivant).

La notation exponentielle utilise la lettre e (ou E) pour introduire un exposant entier (puissance de 10), avec ou sans signe. La mantisse peut être n'importe quel nombre décimal ou entier (le point peut être absent dès que l'on utilise un exposant). Voici quelques exemples corrects (les exemples d'une même ligne étant équivalents) :

```
    4.25E4          4.25e+4         42.5E3
  54.27E-32       542.7E-33        5427e-34
    48e13          48.e13         48.0E13
```

 Bien que l'on emploie dans les deux cas les termes de mantisse et d'exposant, il ne faut pas confondre le codage en machine des nombres flottants et la manière d'écrire une constante de ce type. Dans le premier cas, on a affaire à un ensemble de bits de la mémoire parmi lesquels certains sont réservés au codage d'une mantisse et d'autres au codage d'un exposant ; dans le second cas, il s'agit de la manière dont nous pouvons présenter nos constantes dans le texte constitué par notre programme, en utilisant des caractères usuels et, en particulier, des chiffres de notre système décimal.

4.3 Les opérateurs relatifs au type float

Comme on peut s'y attendre, on retrouve, pour le type float, les mêmes opérateurs que pour le type *int*, à quelques remarques près :

- l'opérateur % n'existe pas ;

- l'opérateur /, appliqué à deux valeurs de type *float*, fournit un résultat de type float (ce qui est logique). Ainsi, 5./2. fournit une valeur de type *float* égale à 2,5 (environ, car les réels sont représentés de manière approchée !), tandis que 5/2 fournit une valeur de type *int* égale à 2.

En définitive, on dispose donc d'un opérateur unaire (opposé, noté -) et de quatre opérateurs binaires (+, -, * et /) qui, appliqués à des valeurs de type *float*, fournissent un résultat de type *float*.

Remarques Rappelons qu'ici nous nous limitons au cas d'expressions ne faisant apparaître que des éléments de même type ; les autres cas seront examinés dans le prochain paragraphe.

Comme les opérations entières, les opérations sur les flottants peuvent conduire à des résultats non représentables dans le type *float* (de valeur absolue trop grande ou trop petite). Dans ce cas, le comportement dépend des environnements de programmation utilisés ; en particulier, il peut y avoir arrêt de l'exécution du programme.

En ce qui concerne la division par zéro, elle conduit toujours à un message et à l'arrêt du programme.

5. Nos premières expressions "mixtes"

Il est possible, en C, de mélanger différents types dans une même expression ; on parle alors d'expression mixte.

Voici deux exemples utilisant ces déclarations :

```
int n, p ;
float x ;
```

n + x

Ici, *n* est de type *int*, tandis que *x* est de type *float*. Il n'est pas possible d'ajouter directement deux valeurs de types différents. Dans ce cas, pour calculer la valeur de cette expression, le compilateur commencera par prévoir une conversion de la valeur de *n* dans le type *float* avant de l'ajouter à *x*. Le résultat final sera de type *float*.

Par exemple, si *n* contient 12 et si *x* contient 2.3, l'expression *n + x* aura comme valeur (approchée) 12,3.

Notez qu'une telle conversion de *int* en *float* est dite "non dégradante", dans la mesure où il ne s'agit que d'un changement de codage, qui ne dégrade pas la valeur initiale (une conversion inverse de *float* en *int* permettrait de retrouver la valeur de départ).

n * p + x

Ici, le compilateur sait que, d'après les règles de priorité des opérateurs, il doit d'abord procéder au produit *n * p*, lequel conduit à un résultat de type *int*. Ce n'est que pour pouvoir être ajouté à la valeur de *x* que ce résultat est converti dans le type *float*. Le résultat final de l'expression est de type *float*.

Par exemple, si *n* contient *5*, si *p* contient *3* et si *x* contient *1.6*, l'expression $n * p + x$ aura comme valeur (approchée) *16,6*.

Remarques La conversion d'un type dans un autre n'est réalisée que lors de l'exécution du programme ; le compilateur, quant à lui, ne peut que mettre en place les instructions machine assurant ces conversions.

On parlera souvent du *type d'une expression* ; dans le cas d'une expression ne comportant que des valeurs de même type, il s'agit bien sûr de ce type commun ; dans le cas d'une expression mixte, il s'agit du type du résultat du calcul de cette expression ; nos deux précédents exemples étaient formés d'expressions de type *float*.

Une expression telle que *2 * x* (*x* étant de type *float*) est, elle aussi, une expression mixte puisque la constante 2 est de type *entier*. Elle est évaluée suivant le même mécanisme.

Dans l'évaluation d'une expression mixte, les conversions ne sont réalisées qu'au fur et à mesure des besoins ; ainsi, dans l'exemple *n * p + x*, le produit *n * p* est bien effectué dans type *int*.

Exercice II.6 Soit les instructions suivantes :

```
int n, p ;
float x ;
n = 10 ;
p = 7 ;
x = 2.5 ;
```

Donnez le type et la valeur des expressions suivantes :

```
(1)   x + n % p
(2)   x + n / p
(3)   (x + n) / p
(4)   5. * n
(5)   (n + 1) / n
(6)   (n + 1.0) / n
```

6. Quand l'affectation impose une conversion de type

Dans tous nos précédents exemples, la variable mentionnée à gauche du signe égal était du type de l'expression figurant à droite. Mais, en langage C, cela n'est nullement une obligation. Par exemple, si *n* est de type *int* et si *x*, de type *float*, contient la valeur 3.4, l'affectation :

```
n = x + 5.3 ;
```

entraînera tout d'abord l'évaluation de l'expression située à droite, ce qui fournira une valeur (8,7) de type *float* ; cette dernière sera ensuite convertie en int pour pouvoir être affectée à *n* ; cette conversion conduira à la partie entière de 8,7, soit ici 8.

D'une manière générale, dès que l'expression est d'un type différent de celui de la variable réceptrice, il y a une conversion. Celle-ci peut être non dégradante comme dans la conversion *int -> float* ou dégradante comme dans la conversion *float -> int*.

Remarque La conversion d'un flottant en un entier revient à en prendre la partie entière. Si l'on souhaite obtenir l'entier le plus proche, il suffit d'ajouter 0.5 à la valeur flottante avant sa conversion. Par exemple, si *x* est de type *float* et *n* de type *int*, on obtiendra dans *n* l'entier le plus proche de la valeur de *x* par :

```
n = x + 0.5 ;
```

Exercice II.7 Quelles seront les valeurs attribuées à *x* et à *y* par

```
int n1, n2 ;
float x, y ;
n1 = 15 ; n2 = 4 ;
x = n1 / n2 ;
y = n1 / n2 + 0.5
```

7. Le type caractère : char

Si les types numériques apparaissent d'emblée nécessaires à la réalisation d'un programme, il n'en va pas toujours ainsi pour le type caractère. Ce type permet de représenter un caractère comme une lettre, un chiffre... Voici quelques situations où l'existence d'un tel type se révèle utile :

- poser une question à l'utilisateur, en attendant une réponse sous la forme O ou N,

- lire un mot (c'est-à-dire, en fait, plusieurs caractères), et compter le nombre de voyelles qu'il contient.

7.1 Le codage dans le type char

Le type char permet donc de représenter sur un octet différents caractères. Parmi les 256 (2^8) combinaisons possibles, on trouve bien sûr les lettres (26 majuscules et 26 minuscules), les chiffres, les signes opératoires, mais également tous les autres caractères que comporte un clavier et donc, en particulier, les caractères accentués ou le "ç".

En outre, en langage C, un certain nombre de ces 256 codes ne correspondent pas à un caractère usuel (c'est-à-dire qu'on peut imprimer à l'aide d'un graphisme particulier). Nous verrons ainsi qu'il existe certains "caractères" de changement de ligne, de tabulation, d'activation d'une alarme sonore (cloche), etc.

Le code employé dépend de l'ordinateur concerné ; le code dit ASCII (abréviation de *American Standard Code for Information Interchange*) a tendance à se généraliser.

Veillez bien à ne pas confondre l'ensemble des 256 valeurs du type char avec l'ensemble des caractères utilisables pour écrire les instructions d'un programme (lequel n'est en fait qu'un sous-ensemble du premier).

7.2 Les constantes de type char

Nous avons vu que les constantes numériques s'écrivaient sous une forme relativement naturelle. On pourrait s'attendre à ce qu'il en aille ainsi pour les constantes caractères, au moins lorsqu'elles correspondent à des caractères imprimables, et que, par exemple, la constante correspondant à la lettre e s'écrive simplement e. Dans ces conditions, on voit bien qu'une simple instruction telle que :

```
c = e ;
```

serait ambiguë pour le compilateur : il pourrait s'agir de donner à la variable *c* la valeur de la *variable e* ou la *valeur de la constante caractère e*. En fait, en C, les constantes de type *char* se notent de façon classique, en écrivant entre apostrophes (on dit aussi *quotes*) le caractère voulu, comme dans ces exemples :

```
'e'      'a'      'Y'      '+'      '$'      'é'      'ç'      ':'      '5'
```

Quant aux quelques caractères non imprimables dont nous avons parlé, ils possèdent une représentation conventionnelle utilisant le caractère "\", nommé "antislash". En voici les principaux :

'**\n**' :   saut de ligne

'**\b**' :   retour arrière

'**\a**' :   cloche ou bip (ce caractère ne peut pas être lu mais, si on cherche à l'afficher à l'écran, on obtient... un bip).

De plus, certains caractères usuels (c'est-à-dire disposant d'un graphisme) nécessitent également une notation spéciale, compte tenu de leur rôle particulier ; citons, notamment :

'****' :   caractère \ (comme \ sert à introduire un caractère spécial, il ne peut plus être noté simplement '\')

'**\'**' :   caractère ' (là encore, comme ' sert de délimiteur d'une constante caractère, la notation ''' ne conviendrait plus)

'**\"**' :   caractère " (car nous verrons que " sert déjà de délimiteur d'une chaîne de caractères)

En informatique, contrairement à ce qui se passe en imprimerie, on ne distingue pas les "guillemets ouverts" des "guillemets fermés". Il n'existe qu'un seul caractère guillemet dont la présentation peut différer d'une machine à une autre. La même remarque s'applique à l'apostrophe.

7.3 Exemples

Avec cette déclaration :

```
char c1, c2 ;
```

l'instruction :

```
c1 = 's' ;
```

affecte à la variable c1 le caractère s. De même, l'instruction :

```
c2 = c1 ;
```

affecte à la variable *c2*, le contenu de la variable *c1*.

Exercice II.8   Soit *ca* et *cb*, deux variables de type *char*. Écrivez les instructions permettant de permuter les contenus de ces deux variables.

8. Les variables non définies

Dans certains de nos précédents exemples montrant l'évolution des valeurs des variables, il nous est arrivé d'utiliser un tiret (-) pour indiquer qu'à un instant donné la variable correspondante n'avait pas encore reçu de valeur. On dit qu'une telle variable est indéfinie ou non définie.

En réalité, cela ne veut pas dire pour autant qu'une variable ne possède pas de valeur, car la notion d'absence d'information n'existe pas vraiment pour la mémoire : un bit donné vaut toujours 0 ou 1, même si l'on ne lui a rien imposé de particulier. Autrement dit, une variable indéfinie possède une valeur qui n'est généralement pas prévisible pour le programmeur.

En soi, le fait qu'une variable ne soit pas définie n'a rien de bien grave. D'ailleurs, au début de l'exécution d'un programme, bon nombre de variables sont indéfinies. En revanche, les choses se gâtent si l'on cherche à utiliser la valeur d'une variable non définie comme dans cet exemple :

```
int x, y, z ;
x = 3 ;
z = x + y ;
y = 4 ;
```

Lorsque l'on exécute l'affectation $z = x + y$, la variable y est encore indéfinie. La valeur de z sera donc, elle aussi, imprévisible.

9. Initialisation de variables

Nous venons de voir le risque que présente une variable indéfinie. En langage C, il est possible d'attribuer une valeur à une variable lors de sa déclaration, comme dans cet exemple :

```
int n = 5 ;
float x = 5.25 ;
```

Cette valeur sera placée dès la compilation dans la variable correspondante, à la différence de ce qui se produirait avec :

```
int n ;
float x ;
.....
n = 5 ;
x = 5.25 ;
```

car, ici, n et x recevraient leur première valeur lors de l'exécution des deux instructions d'affectation. Bien entendu, dans les deux cas, il reste possible de faire évoluer comme bon vous semble les valeurs de ces variables pendant l'exécution du programme.

Rappelons qu'une même instruction de déclaration de type peut mentionner plusieurs variables ; dans ce cas, on peut très bien en initialiser certaines et pas d'autres, comme dans :

```
int n = 5, p, q = 10, v ;
```

 En initialisant systématiquement toutes vos variables, vous pouvez vous prémunir du risque de rencontrer des variables non définies. Cependant, vous risquez parfois de tromper le lecteur ultérieur de votre programme ; que penser, par exemple, d'une variable qu'on initialise lors de sa déclaration, alors que sa valeur devra être lue en donnée par la suite ?

Résumé

Une variable est caractérisée par un nom et un type. Le nom sert à repérer un emplacement mémoire ; le type précise la taille de cet emplacement, la manière dont l'information y sera codée, les opérations autorisées ainsi que les valeurs représentables.

Nous avons rencontré les trois types suivants :

- *int* : il sert à représenter des nombres entiers relatifs, dont la valeur absolue n'est pas "trop grande" (les limites exactes dépendant de la machine) ; les constantes de ce type se notent avec ou sans signe comme +533, 48 ou -273).

- *float* : il sert à représenter, de manière approchée, des nombres réels dont la valeur absolue n'est ni trop grande, ni trop petite ; là encore, les limitations effectives dépendent de la machine. Les constantes du type float se notent soit sous forme décimale (12.43, −0.38, −.38, 4. ou .27) ou exponentielle (4.25E4, 4.25e+4, 54.27E−32, 5427e−34, 48.e13 ou 48.0E13).

- *char* : il sert à représenter des caractères ; les constantes caractères se notent en plaçant entre apostrophes soit le caractère lui-même lorsqu'il est "imprimable" ('a', 's', '0', '+'), soit une notation conventionnelle de la forme \x dans le cas contraire (par exemple, '\n' pour le caractère de fin de ligne).

L'instruction d'affectation est de la forme :

variable = expression ;

Elle calcule la valeur de l'expression mentionnée et elle l'affecte à la variable.

Lorsque les valeurs apparaissant dans l'expression ne sont pas toutes de même type, il apparaît des conversions non dégradantes (pour l'instant, seulement de *int* en *float*). En outre, lorsque la variable réceptrice est d'un type différent de celui de l'expression, il y a conversion (éventuellement dégradante, cette fois) dans ce type.

Tant qu'une variable n'a pas encore reçu de valeur, cette dernière est imprévisible (mais elle en a quand même une !) ; on parle de variable non définie.

Il est possible d'attribuer une valeur initiale à une variable au moment de sa déclaration, par exemple :

int n = 5 ;

Chapitre 3

Pour communiquer avec votre programme : les instructions d'affichage et de lecture

Généralement, pour qu'un programme présente un intérêt pratique, il devra pouvoir produire des informations (résultats). Comme nous l'avons vu dans le chapitre I, ces résultats seront toujours transmis à un périphérique, en faisant appel à des instructions d'écriture. Comme vous pouvez vous en douter, ces dernières peuvent différer légèrement suivant le périphérique concerné et, *a fortiori*, suivant qu'il s'agit d'un périphérique d'archivage ou de communication. Ici, nous nous limiterons au cas particulier du périphérique de communication que constitue l'écran et nous parlerons, dans ce cas, d'affichage plutôt que d'écriture ; cela nous amènera à vous présenter l'instruction *printf* et la notion de format.

De façon similaire, il est fréquent que l'on doive transmettre des informations (données) à notre programme, en faisant appel à des instructions de lecture. Là encore, elles peuvent dépendre légèrement du périphérique concerné et, ici, nous nous limiterons au cas particulier du périphérique de communication que constitue le clavier ; cela nous amènera à vous présenter l'instruction *scanf*.

À la fin de ce chapitre, nous serons en mesure de vous proposer un premier exemple de programme complet ; nous verrons au passage comment y introduire ce que l'on nomme des commentaires.

1. Exemples d'affichages avec l'instruction printf

1.1 Affichage de la valeur d'une variable

Supposons que l'on ait déclaré une variable entière *n* par :

```
int n = 20 ;
```

L'instruction suivante :

```
printf ("%d", n) ;
```

demande d'afficher la valeur de *n*. On voit qu'elle comporte le mot *printf* qui évoque l'action d'écriture (*print* en anglais). À l'intérieur des parenthèses, on trouve deux éléments :

- un texte qu'on nomme un format (ici *%d*) placé entre des guillemets ("),

- le nom d'une variable (ici *n*).

Cette instruction affiche la valeur de la variable mentionnée en tenant compte des indications précisées dans le format. Nous verrons que *%d* correspond à l'affichage d'une variable entière en utilisant exactement le nombre de caractères imposés par sa valeur (sans espaces avant ou après).

Ainsi, notre instruction affiche simplement :

```
20
```

1.2 Introduction d'un libellé dans l'affichage

Considérons maintenant l'instruction :

```
printf ("total : %d", n) ;
```

Elle ressemble à la précédente ; on y trouve le même nom de variable mais, cette fois, le format est un peu plus compliqué :

```
"total : %d"
```

Son exécution provoque l'affichage de :

```
total : 20
```

formé de la réunion :

- du texte "total : " (notez que nous avons prévu un espace avant et après les deux-points),
- de valeur de *n* exprimée à l'aide de *%d*.

1.3 Affichage de plusieurs valeurs

Considérons ces déclarations :

```
int n = 10, p = 25 ;
```

et l'instruction :

```
printf ("nombre : %d valeur : %d", n, p) ;
```

Son exécution provoque l'affichage de :

```
nombre : 10 valeur : 25
```

Cet exemple et le précédent montrent que le contenu d'un format est exploité de deux manières :

- d'une part des codes de format précisent la manière d'écrire une des variables spécifiées dans la liste qui suit (le premier code pour la première variable, le second pour la suivante…) ; ici, nous avions deux codes de format identiques, *%d* ; d'une manière générale, nous verrons qu'il existe différents codes correspondant aux différents types de variables et pouvant éventuellement préciser la manière de présenter l'affichage ; tous les codes de format commencent par % ;

- d'autre part, tout ce qui n'est pas reconnu comme code de format (y compris les espaces) est affiché tel quel.

 À l'écran, tous les caractères (y compris les espaces) occupent un emplacement de largeur fixe.

1.4 Affichage de la valeur d'une expression

Toujours avec ces déclarations :

```
int n = 10, p = 25 ;
```

L'exécution de l'instruction :

```
printf ("la somme de %d et de %d est %d", n, p, n+p) ;
```

affiche :

```
la somme de 10 et de 25 est 35
```

Elle pourrait être remplacée par :

```
q = n + p ;
printf ("la somme de %d et de %d est %d", n, p, q) ;
```

On voit donc que, dans une instruction d'affichage, à la suite d'un format, on peut mentionner, non seulement des variables, mais également des expressions.

 Si un format ne contient aucun code de format, l'instruction *printf* se contente d'afficher le contenu du format. Par exemple, avec :

```
printf ("bonjour") ;
```

on obtiendra tout simplement l'affichage du texte *bonjour*.

1.5 Notion de formatage

L'instruction d'affichage ne se contente pas de transmettre à l'écran le simple contenu binaire des valeurs concernées ; nous aurions d'ailleurs quelque peine à l'interpréter. Elle doit également transformer ce contenu binaire en un ou plusieurs caractères compréhensibles par l'utilisateur. Ainsi, dans notre premier exemple (paragraphe 1.1), il faut, à partir de la valeur 20 binaire (dans le cas où les entiers sont codés sur 2 octets, cela s'écrit 0000000000010100), faire afficher les caractères 2 et 0. Pour cela, il faut en fait transmettre à l'écran les codes de ces deux caractères (soit, en ASCII, un premier octet contenant 01000000 et un second contenant 00011110). Pour y parvenir, on voit qu'il faut d'abord procéder à une conversion de base 2 en base 10 (c'est ce qu'indique le code %d) puis, à chaque chiffre, faire correspondre le caractère correspondant (le code du caractère 2, par exemple, n'a rien à voir avec l'entier 2 !).

Une telle opération se nomme un formatage (d'où le nom de format).

2. Quelques autres codes de format

2.1 Pour le type char : %c

De même que le code *%d* est utilisé pour des valeurs de type *int*, on utilise *%c* pour le type *char*. Par exemple, avec ces instructions :

```
int n = 15 ;
char c = 's' ;
.....
printf ("nombre : %d type : %c", n, c) ;
```

On obtient :

```
nombre : 15 type : s
```

2.2 Pour le type float : %e et %f

Pour le type *float*, on peut faire appel à l'un des deux codes *%e* ou *%f*. Le premier affiche la valeur correspondante avec une notation exponentielle (mantisse et exposant), le second l'affiche avec une notation décimale, comme le montre cet exemple :

```
float x = 1.23456e4 ;
.....
printf ("x not exp : %e, x not déc : %f", x, x) ;
```

qui affiche quelque chose comme (la seconde valeur pouvant être différente d'une machine à une autre) :

```
x not exp : 1.234560e+04, x not déc : 12345.599609
```

La notation exponentielle utilise toujours une mantisse entre 1 et 10 avec 6 chiffres après le point décimal et 2 chiffres pour l'exposant ; la notation décimale, en revanche, affiche toujours 6 chiffres après le point décimal. Elle ne convient donc que pour des nombres ni trop grands, ni trop petits. Dans le cas contraire, les petits nombres vont disposer de peu de chiffres significatifs (par exemple 0.000012), voire d'aucun (1e-9 produira l'affichage 0.000000). Les grands nombres, en revanche, vont se voir gratifier de décimales allant au-delà de la précision avec laquelle les nombres sont représentés en machine (précision qui, rappelons-le, dépend de la machine utilisée) ; c'est d'ailleurs ce qui se produit dans notre exemple (la valeur approchée de 1.23456e4 affiche 12345.599609). Nous verrons comment "faire mieux" dès le prochain paragraphe, en limitant le nombre de décimales.

 Remarque

Lorsque vous introduisez dans un programme des constantes flottantes écrites en notation exponentielle, vous disposez d'une grande latitude dans le choix de l'exposant ; par exemple, vous pouvez indifféremment écrire 1.2e+02 ou 0.12e+03. En revanche, dans le cas d'un affichage par *printf*, on comprend qu'une convention dite de "normalisation" est nécessaire pour choisir entre toutes les possibilités.

3. Pour affiner ses présentations : gabarit, précision et changement de ligne

3.1 Action sur le gabarit d'affichage

Comme nous venons de le voir, par défaut, les entiers sont affichés avec le nombre de caractères nécessaires (sans espaces avant ou après). Les flottants sont affichés avec 6 chiffres après le point (aussi bien pour le code *e* que *f*).

Un nombre placé après % dans le code de format précise un gabarit d'affichage, c'est-à-dire un nombre minimal de caractères à utiliser. Si le nombre peut s'écrire avec moins de caractères, *printf* le fera précéder d'un nombre suffisant d'espaces ; en revanche, si le nombre ne peut s'afficher convenablement dans le gabarit imparti, *printf* utilisera le nombre de caractères nécessaires.

Voici quelques exemples, dans lesquels nous fournissons, à la suite d'une instruction *printf*, à la fois des valeurs possibles des expressions à afficher et le résultat obtenu à l'écran ; pour ce dernier, nous employons conventionnellement la notation ^ pour "matérialiser" un espace.

```
printf ("%3d", n) ;
   n = 20                    ^20
   n = 3                     ^^3
   n = -5                    ^-5
   n = 2358                  2358
   n = -5200                 -5200

printf ("%10f", x) ;
   x = 1.2345                ^^1.234500
   x = 12.345                ^12.345000
   x = 1.2345E5              123450.000000
```

3.2 Actions sur la précision de l'affichage

Comme nous l'avons vu, par défaut, les flottants sont affichés avec 6 chiffres après le point décimal, qu'il s'agisse de la notation flottante ou de la notation exponentielle. Il est possible de spécifier le nombre de chiffres souhaités, éventuellement moins de 6, en le faisant figurer, précédé d'un point, avant le code de format et après le gabarit si ce dernier est présent. Voici quelques exemples (n'oubliez pas que le gabarit indique un minimum qui peut être outrepassé en cas de besoin) :

```
printf ("%10.3f", x) ;
   x = 1.2345                ^^^^^1.235
   x = 1.2345E3              ^^1234.500
   x = 1.2345E7              12345000.000
```

```
printf ("%12.4e", x) ;
   x = 1.2345                    ^^1.2345e+00
   x = 123.456789E8              ^^1.2346e+10
```

Il est possible de mentionner une précision sans gabarit (comme dans %.5f), mais cela ne présente guère d'intérêt.

3.3 Pour changer de ligne

Chaque instruction *printf* affiche ses informations à la suite de celles qui ont déjà été affichées par un précédent *printf*. Autrement dit, il n'y a pas de passage à la ligne. Par exemple, avec :

```
int n = 15 ;
char c = 's';
printf ("nombre : %d", n) ;
printf ("type : %c", c) ;
```

on affiche :

```
nombre : 15type : s
```

exactement comme si l'on avait utilisé l'instruction :

```
printf ("nombre : %dtype : %c", n, c) ;
```

En fait, il faut bien voir qu'un format n'est rien d'autre qu'une suite de caractères quelconques, parmi lesquels il est tout à fait possible de trouver certains caractères non imprimables tels que ceux présentés dans le paragraphe 7.2 du chapitre précédent. Il est donc possible de demander un changement de ligne en introduisant dans le format le caractère \n ; ainsi, avec cette instruction :

```
printf ("nombre : %d\ntype : %c", n, c) ;
```

nous obtenons :

```
nombre : 15
type : s
```

Notez que nous obtiendrions le même résultat avec deux instructions printf :

```
printf ("nombre : %d\n", n) ;
printf ("type : %c", c) ;
```

Un format est donc une suite quelconque de caractères choisis parmi les 256 caractères du type *char*. Une telle suite se nomme une chaîne de caractères. On peut donc y trouver non seulement n'importe quel caractère spécial (c'était le cas du caractère de fin de ligne \n) mais également un caractère accentué.

Remarques Distinguez bien la notation '\n' qui correspond à une constante caractère de la notation *"valeur : %d\n"* qui correspond à une chaîne de caractères. Même quand une chaîne ne contient qu'un seul caractère, elle ne doit pas être confondue, en langage C, avec une constante caractère. Ainsi, il est tout à fait possible de provoquer un changement de ligne avec :

```
printf ("\n") ;
```

Mais, vous ne pourriez pas écrire printf ('\n') car *printf* attend une chaîne (éventuellement limitée à un seul caractère) et non un caractère. En revanche, il serait envisageable (mais guère lisible !) de remplacer l'instruction précédente par :

```
char change_ligne = '\n' ;
printf ("%c", change_ligne) ;
```

En langage C, une chaîne de caractères, et donc en particulier un format, ne peut pas être écrite sur deux lignes ; cette présentation serait incorrecte :

```
printf ("nombre : %d
   type : %c", n, c) ;
```

Elle ne peut donc, en aucun cas, servir à provoquer un changement de ligne lors de l'exécution de l'instruction d'affichage.

4. Un premier programme complet

Nous vous proposons un premier exemple de programme complet. Auparavant, nous allons vous donner quelques indications générales sur la manière dont se présente un programme en langage C.

4.1 Canevas général d'écriture d'un programme en langage C

Tout programme C doit être construit suivant le "canevas" suivant :

```
main()
{
  instructions de déclaration
  instructions exécutables
}
```

Pour l'instant, ne cherchez pas à trouver une justification à un tel canevas ; nous y reviendrons plus tard. Notez simplement que, comme nous l'avons déjà dit, toutes les instructions de déclarations (pour l'instant, de cette catégorie, nous ne connaissons que les déclarations de type des variables) doivent apparaître en début.

Par ailleurs, sachez qu'en dehors des contraintes évoquées, vous pouvez écrire vos instructions d'une manière parfaitement libre ; vous n'êtes pas obligé de changer de ligne entre chaque instruction ni même de faire toujours tenir une instruction sur une ligne ; la seule exception concerne les chaînes qui, comme nous l'avons déjà mentionné, ne peuvent s'étendre sur plusieurs lignes.

De plus, vous avez toujours le droit d'introduire autant d'espaces que vous le désirez entre deux noms ou entre un nom et un signe (opération, virgule, point-virgule…) ; par exemple, ces deux déclarations sont équivalentes :

```
int a,b,c;
int a, b, c ;
```

La déclaration suivante, écrite sur plusieurs lignes, leur est également équivalente (attention à ne pas remplacer les virgules par des points-virgules !) :

```
int   a,
      b,
      c ;
```

4.2 Un exemple de programme…

Le programme suivant affecte une valeur (12.85) à la variable flottante *valeur* ; il en calcule le carré (*carre*) et le cube (*cube*) dont il affiche la valeur. Enfin, il calcule la partie entière de ce cube (par affectation à une variable entière nommée *ent*).

```
main()
{
   float valeur = 12.85 ;
   float carre, cube ;
   int ent ;
   carre = valeur * valeur ;
   cube = carre * valeur ;
   printf ("la valeur %f a pour carré %f et pour cube %f \n",
           valeur, carre, cube) ;
   ent = cube ;
   printf ("la partie entière de son cube est : %d", ent) ;
}
```

Notez que nous avons exploité la liberté de présentation offerte par le langage C pour décaler (on dit souvent "indenter") de 3 caractères toutes les instructions de notre programme pour le rendre plus lisible. Nous exploiterons souvent cette possibilité dans les instructions structurées.

4.3 ... et sa mise en œuvre

Pour l'instant, notre programme est écrit sur le papier. Pour l'utiliser, il va falloir le faire traduire à l'aide du compilateur. Manifestement, notre programme en langage C apparaît comme des "données" de ce compilateur (les résultats en seront le programme en langage machine résultant de la traduction).

Pour des questions de souplesse, notre programme en langage C va d'abord devoir être saisi, c'est-à-dire qu'on va enregistrer le texte correspondant à l'aide d'un logiciel approprié, nommé éditeur ; un tel éditeur fonctionnant, en fait, de façon analogue à un traitement de texte. Ce texte, qu'on nomme programme source, est généralement conservé dans un fichier, ce qui permet éventuellement de le modifier facilement par la suite, sans avoir besoin de le refrapper en totalité.

Ce n'est que dans un deuxième temps que vous ferez effectivement appel au compilateur qui va rechercher (en données) le fichier contenant votre programme source et produire (en résultat) un véritable programme exécutable en langage machine ; ce dernier sera souvent, lui aussi, conservé dans un fichier, pour éviter d'avoir à traduire le programme source chaque fois qu'on en aura besoin.

Si cette phase de compilation s'est déroulée convenablement, vous pourrez demander l'exécution proprement dite de votre programme, ce qui vous conduira à l'affichage des résultats suivants :

```
la valeur 12.850000 a pour carré 165.122513 et pour cube
2121.824463 la partie entière de son cube est : 2121
```

 Avec certains compilateurs, il peut être nécessaire de faire précéder votre programme de la ligne suivante :

```
#include <stdio.h>
```

Nous en verrons le rôle exact dans le chapitre consacré aux fonctions.

4.4 Les commentaires

En plus des instructions en langage C destinées au compilateur, vous pouvez introduire ce que l'on nomme des commentaires, c'est-à-dire des explications de votre choix, qui ne seront pas prises en compte par le compilateur. Ces commentaires doivent simplement être placés entre les symboles /* et */. Ils peuvent apparaître n'importe où dans un programme, pourvu qu'ils ne coupent pas un mot en deux.

À simple titre d'illustration, voici un exemple de commentaires introduits dans notre précédent programme.

```
     /* notre premier programme complet en langage C */
 main()
 {
     /***************** les déclarations **************/
     float valeur = 12.85 ;
     float   carre,      /* pour le carré de la valeur */
         cube ;          /* pour son cube */
     int ent ;           /* pour sa partie entière */

     /********** les instructions exécutables **********/
     carre = valeur * valeur ;
     cube = carre * valeur ;
     printf ("la valeur %f a pour carré %f et pour cube %f \n",
         valeur, carre, cube) ;
     ent = cube ;
     printf ("la partie entière de son cube est : %d", ent) ;
 }
```

Remarques

Bien que ce ne soit pas une obligation, nous préférons, dans nos premiers exemples, pour des raisons de lisibilité, faire se terminer les commentaires sur la ligne où ils ont commencé.

Dans notre seconde déclaration :

```
float carre, /* pour le carré de la valeur */
cube ; /* pour son cube */
```

nous avons exploité, à la fois, les possibilités suivantes : écriture d'une instruction sur plusieurs lignes (ici 2), introduction d'espaces suffisants pour aligner les noms des variables, introduction de commentaires.

4.5 Les différents types d'erreurs

Si vous disposez d'un ordinateur, vous serez probablement amenés à mettre en œuvre les exemples que nous vous proposons ainsi que les programmes rédigés en solution de la plupart des exercices.

C'est pourquoi, il est bon de faire un premier point à propos des erreurs qui sont liées à l'activité de programmation. Comme nous l'avons déjà entrevu, il faut distinguer les erreurs de compilation des erreurs d'exécution.

Les erreurs de compilation correspondent à des anomalies que le compilateur détecte dans le texte de votre programme et qu'il vous signale par des messages appropriés. Il est fréquent que ces erreurs se classent en deux catégories : les avertissements et les erreurs fatales. Seules les erreurs de la seconde catégorie compromettent le déroulement complet de la traduction du programme, de sorte qu'aucun programme exécutable ne peut être fabriqué.

Sous le terme d'erreurs d'exécution, en revanche, on place tout ce qui correspond à un mauvais fonctionnement du programme exécutable, par rapport à ce qu'on en attend ; elles peuvent prendre des formes relativement diverses : blocage du programme (on emploie souvent le mot "plantage"), comportement imprévu ou résultats faux…

En général, et contrairement aux erreurs de compilation, les erreurs d'exécution ne font l'objet d'aucun message (lequel ne peut, en définitive, n'être produit que par un programme). Une exception a lieu, toutefois, pour certaines anomalies telles que la division par zéro ou le dépassement de capacité ; dans ce cas, le message vous est fourni par ce que l'on nomme le système d'exploitation (dont une partie est toujours présente en mémoire, même pendant l'exécution de votre programme), lequel est sollicité au moment de l'anomalie par un mécanisme dit d'interruption.

5. Quelques précautions à prendre avec printf

Pour utiliser *printf*, vous devez donc préciser dans le format, pour chaque valeur (ou expression) à afficher, un code de format approprié. Vous risquez donc de commettre certaines fautes de programmation.

Tout d'abord, vous pouvez donner un code de format qui ne correspond pas au type de ce que vous devez afficher, par exemple *%d* pour une valeur de type *float*. Dans ce cas, retenez simplement que *printf* va interpréter une valeur binaire avec un code différent de celui correspondant à son type ; le résultat sera généralement assez déconcertant.

D'autre part, vous pouvez également ne pas fournir un nombre de codes de format identique au nombre de valeurs à afficher. Dans ce cas, il faut savoir que *printf* cherche toujours à afficher le nombre de valeurs prévues par le format ; s'il n'y en a pas assez, comme dans :

```
printf ("%d %d", n) ;
```

vous verrez apparaître des valeurs fantaisistes. S'il y en a trop, comme dans :

```
printf ("%d", n, p) ;
```

certaines valeurs (ici *p*) ne seront pas affichées.

Vous pouvez vous demander pourquoi le compilateur n'est pas capable de détecter les deux sortes de fautes de programmation dont nous venons de parler. En fait, *printf* n'est pas une vraie instruction, mais ce que l'on nomme une fonction ; comme nous le verrons plus tard, une fonction est un "morceau" de programme déjà compilé, qu'on utilise en lui transmettant certaines informations sous forme de paramètres (ici, le format et les valeurs à afficher). Comme cette fonction est déjà compilée, il n'est pas possible au compilateur de détecter les erreurs dont nous venons de parler. On pourrait espérer obtenir un message au moment de l'exécution ; là encore, c'est impossible, mais les raisons en sont plus techniques…

Exercice III.1

Soit les déclarations :

```
char cat = 'B' ;
char art = 'S' ;
int qte = 50 ;
```

Écrivez l'instruction permettant d'afficher la valeur des différentes variables, de la manière suivante :

```
50 articles S, de catégorie B
```

Quel résultat produira cette instruction, dans le cas où la variable *art* a été déclarée ainsi :

```
char art = '\n' ;
```

Exercice III.2

Écrivez un programme complet qui calcule le prix TTC d'un nombre donné d'articles de prix unitaire donné, compte tenu d'un taux de T.V.A. de 19,6 %. On initialisera les variables voulues au moment de leur déclaration. Les résultats devront se présenter ainsi :

```
nombre d articles    :    5
prix HT              :    42.15
prix TTC             :    252,06
```

Exercice III.3

Écrivez un programme contenant cette déclaration :

```
float rayon = 5.27e5 ;
```

et permettant de déterminer le périmètre et l'aire du cercle de rayon indiqué ; les résultats seront présentés ainsi :

```
rayon         : 5.270e+05
périmètre     : 3.311e+06
aire          : 8.725e+11
```

6. Lecture de valeurs numériques avec scanf

De même que l'instruction d'affichage permet à un programme d'afficher des résultats, l'instruction de lecture va permettre de fournir des informations à un programme, au moment de son exécution. Plus précisément, elle va "chercher" une valeur (qu'on frappe "en clair" au clavier) et, après l'avoir convenablement codée, la range dans une variable. Notez que cette dernière action est indispensable pour qu'on puisse utiliser cette valeur dans la suite du programme.

Nous allons tout d'abord vous présenter l'instruction de lecture sur quelques situations simples, ne faisant intervenir que des variables de type *int* ou *float*.

6.1 Lecture d'un nombre entier

a) L'instruction

La lecture au clavier d'un nombre entier que l'on range dans la variable *n* (de type *int*) s'écrira en langage C :

```
scanf ("%d", &n) ;
```

Nous y reconnaissons, comme dans l'instruction d'affichage :

- un format (ici "*%d*", constitué d'un seul code de format *%d*),
- une liste formée d'un seul élément noté *&n*.

Vous vous attendiez probablement à quelque chose comme *scanf* ("*%d*", *n*). En fait, *&n* signifie en C adresse de *n*. La raison pour laquelle il faut indiquer l'adresse d'une variable et non simplement son nom réside dans la "vraie nature" de *scanf* qui, comme *printf*, est une fonction (et non une véritable instruction). Pour l'instant, contentez-vous de retenir que vous devrez faire précéder tous vos noms de variables par le symbole *&*.

b) La présentation des données

Lorsque le programme va exécuter cette instruction, il attendra que vous frappiez une information au clavier. Comment devrez-vous présenter cette information ? Plusieurs réponses sont possibles ; pour l'instant, n'envisageons que la plus naturelle, à savoir : un nombre entier (avec ou sans signe) et une "validation" à l'aide de la touche appropriée, laquelle est marquée, suivant le type de clavier utilisé, "entrée" ou "retour" ou "enter" ou d'un graphisme…

Voici quelques réponses convenables pour notre instruction précédente (le symbole @ représente la touche de validation) :

```
12@
−1234@
+987@
```

Éventuellement, vous pouvez faire précéder votre valeur d'un ou plusieurs espaces, comme dans :

```
^12@
^^^+987@
```

(ici encore, le symbole ^ nous sert conventionnellement à matérialiser un espace)

Déjà sur ce premier exemple, vous pouvez pressentir que, malgré leurs similitudes, beaucoup de différences séparent l'instruction d'écriture de l'instruction de lecture. C'est ainsi, notamment, que :

- un format de lecture n'a aucune raison de contenir autre chose que des codes de format ; la notion de "libellé", c'est-à-dire de texte transmis tel quel, n'a plus de raison d'être ;

- la liste ne pourra contenir que des variables, et en aucun cas des expressions ; comment pourrait-on attribuer une valeur à une expression ? (on retrouve le même problème que pour l'affectation).

Jusqu'ici, nous avons raisonné comme si vous étiez à la fois l'auteur du programme et celui qui l'exécute en lui fournissant des informations. Il n'en va pas toujours ainsi, de sorte que, par la suite, nous parlerons parfois de l'*utilisateur d'un programme*.

Le rôle de l'instruction de lecture ne se limite pas à un simple transfert d'information ; en effet, cette instruction doit manifestement transformer un ou plusieurs caractères (c'est-à-dire, en fait, les codes des caractères que vous aurez frappés au clavier) en la valeur binaire correspondante de la variable. Il s'agira, en réalité, de la transformation inverse de celle opérée par l'instruction d'affichage.

Tant que vous n'avez pas frappé la touche de validation, vous pouvez modifier votre information à volonté, notamment à l'aide de "retour arrière" et de nouvelles frappes.

6.2 Lecture d'un flottant

Vous vous doutez probablement que les codes de format *%e* et *%f* vont permettre de lire une valeur pour une variable de type *float*, comme dans l'une des deux instructions (la variable en question se nomme *x*) :

```
scanf ("%e", &x) ;
scanf ("%f", &x) ;
```

En revanche, en ce qui concerne la manière de fournir au clavier les données correspondantes, il faut savoir que :

- les codes de format *%e* et *%f* jouent exactement le même rôle ;

- vous pouvez fournir votre valeur, indifféremment sous la forme :
  - d'un nombre entier comme *-25*, *345* ou *+654*,
  - d'un nombre flottant en notation décimale comme *-34.56*, *2.* ou *4.0*,
  - d'un nombre flottant en notation exponentielle comme *3e45* ou *1.25e-4*.

Là encore, la démarche la plus naturelle consiste à "valider" cette valeur après l'avoir frappée (en la faisant éventuellement précéder d'un ou plusieurs espaces).

Exemple

Voici comment nous pourrions transformer le programme du paragraphe 4 afin que la valeur dont on affiche le carré et le cube soit fournie en donnée, au lieu d'être imposée par le programme. En dessous, nous avons fait figurer un exemple d'exécution :

```
main()
{
    float valeur ;
    float carre, cube ;
    int ent ;
    printf ("donnez un nombre réel : ") ;
    scanf ("%e", &valeur) ;
    carre = valeur * valeur ;
    cube = carre * valeur ;
    printf ("la valeur %f a pour carré %f et pour cube %f \n",
            valeur, carre, cube) ;
    ent = cube ;
    printf ("la partie entière de son cube est : %d", ent) ;
}
```

```
donnez un nombre réel : 12.85
la valeur 12.850000 a pour carré 165.122513 et pour cube 2121.824463
la partie entière de son cube est : 2121
```

À l'exécution, le programme affiche le libellé "donnez un nombre réel :" et il attend que l'utilisateur entre une information. Ici, nous supposons qu'il frappe 12.85, suivi de la touche de validation. Le programme poursuit alors son exécution. Notez que, comme nous l'avons expliqué dans le paragraphe 2.2, nous affichons les décimales superflues (et fausses) ; nous pourrions améliorer les choses en utilisant le code *%e* et une certaine précision.

6.3 Lecture de deux valeurs numériques entières

Nos deux précédents exemples avaient ceci de particulier que *scanf* ne lisait qu'une seule valeur à la fois. Voyons maintenant comment va se dérouler la lecture de plusieurs valeurs ; nous envisageons ici le cas de valeurs entières mais la généralisation à d'autres types en est facile.

```
int n, p ;
   .....
scanf ("%d%d", &n, &p) ;
```

L'instruction de lecture ne présente pas de difficultés particulières ; le format *%d%d* comporte manifestement deux codes de format, destinés aux deux variables *n* et *p*.

En ce qui concerne les données, la façon la plus naturelle de les fournir consiste à les placer sur une même ligne, en les séparant par un ou plusieurs espaces. Voici quelques exemples de réponses convenables (le symbole ^ représentant un espace et le symbole @ représentant toujours la touche de validation) :

```
123^456@
123^^^456@
^123^456@
^^^123^^^^456@
```

En fait, la raison pour laquelle tout ceci fonctionne est que, tout simplement, les codes de format numérique (comme *%d*, *%e* et *%f*) sautent tous les espaces qui précèdent une valeur.

Remarque   La notion de gabarit, entrevue pour les codes de format en écriture, existe également pour les codes de format en lecture ; néanmoins, elle est peu utile, voire déconseillée (à titre indicatif, un tel gabarit représente, cette fois, un nombre maximal de caractères à prendre en compte).

Exercice III.4   Adaptez le programme demandé dans l'exercice III.2, afin que le nombre d'articles et leur prix unitaire soient fournis en données.

6.4 Lorsque l'utilisateur fournit trop ou trop peu de données

a) Trop peu de données

En réponse à une instruction telle que :

```
scanf ("%d%d", &n, &p) ;
```

l'utilisateur peut très bien ne fournir qu'une valeur entière et valider. Dans ce cas, cette valeur sera rangée dans *n* et *scanf* attendra simplement d'autres données. En effet, il faut savoir que :

 la touche de validation joue un double rôle : d'une part, elle sert à confirmer l'information fournie, d'autre part, elle introduit un caractère de fin de ligne (dont nous avons vu qu'en langage C il se notait \n) ;

ce caractère de fin de ligne joue un rôle de séparateur de données, au même titre que l'espace (il existe d'ailleurs d'autres caractères séparateurs mais vous pouvez l'ignorer pour l'instant…).

En définitive, voici plusieurs réponses possibles qui conduisent toutes à placer dans *n* la valeur 15 et dans *p* la valeur 341 :

```
15@              15^^@            15@
341@             ^^^341^^^@       @
                                  341@
```

b) Trop de données

Supposons que, toujours à cette même instruction, vous fournissiez :

```
15^^^341^^^67@
```

Dans ce cas, il faut savoir que tant que vous n'aurez pas validé, il ne se passera rien de particulier (ce qui est normal puisque, tant que vous n'avez pas validé, vous pouvez toujours corriger votre ligne...). À la suite de cela, *scanf* utilisera effectivement la première partie de votre réponse, à savoir :

```
15^^^341
```

Mais, attention : les informations suivantes (ici ^^^67@) resteront disponibles pour une prochaine lecture.

Si la prochaine instruction de lecture n'a besoin que d'une valeur, ces informations lui conviendront parfaitement et elle ne demandera rien de plus à l'utisateur (qui se demandera peut-être pourquoi on ne lui demande plus rien !). Si la prochaine instruction a besoin de plus d'une valeur, en revanche, elle attendra bien de nouvelles informations. Dans tous les cas, on voit qu'il peut apparaître un certain manque de "synchronisation" entre ce que le programme semble attendre et ce que l'utilisateur fournit...

Exercice III.5 Quelles seront les valeurs lues dans les variables *n* et *p* (de type *int*), par l'instruction suivante :

```
scanf ("%d%d", &n, &p) ;
```

lorsqu'on lui fournit les données suivantes (le symbole ^ représente un espace et le symbole @ représente une validation) :

```
a) 253^45@
b) ^253^@
   ^^4^5@
```

7. Lecture de caractères avec scanf

7.1 Le code de format %c

Le code de format *%c* permet de lire un caractère. Ainsi :

```
char c1 ;
   .....
scanf ("%c", &c1) ;
```

lit un caractère au clavier et le range dans la variable *c1*.

Mais une difficulté apparaît dans la façon de présenter les données. En effet, il est naturel de séparer deux nombres par un caractère séparateur (espace ou fin de ligne). En revanche, un tel séparateur est lui-même un caractère. Si on veut pouvoir le lire comme tel (et c'est le choix fait par le langage C !), il faut bien qu'il perde son rôle de séparateur. C'est la raison pour laquelle, alors que les codes numériques (*%d, %e* ou *%f*) sautaient tous les séparateurs précédant une valeur, le code *%c* ne saute aucun séparateur et prend le premier caractère qui se présente, même s'il s'agit d'un espace ou d'une fin de ligne.

Par exemple, si *c1* et *c2* sont deux variables de type *char*,

```
char c1, c2 ;
   .....
scanf ("%c%c", &c1, &c2) ;
```

Avec la réponse (naturelle) :

```
ab@
```

nous obtenons le caractère *a* dans *c1* et le caractère *b* dans *c2*.

Cependant, le caractère \n, introduit par la validation, reste disponible pour une prochaine lecture : s'il s'agit d'une variable numérique, le caractère \n ne sera pas très gênant, puisqu'il jouera alors un simple rôle de séparateur ; s'il s'agit d'une variable caractère, elle recevra précisément cette valeur \n.

Qui plus est, avec :

```
a^b@
```

nous obtenons le caractère *a* dans *c1* et le caractère ^ (espace) dans *c2*. Les informations restantes (*b@*) demeurent disponibles pour une prochaine lecture.

Enfin, avec :

```
a@
```

l'utilisateur a l'impression de ne fournir qu'un seul caractère ; cependant, nous obtenons a dans *c1* et le caractère de fin de ligne \n dans *c2* et, de surcroît, l'instruction de lecture n'attend pas d'informations supplémentaires.

7.2 Pour forcer scanf à sauter les séparateurs

Nous venons de voir que le code *%c* prend le premier caractère qui se présente, alors que, par exemple, le code *%d* commence par sauter les séparateurs. En fait, il est possible de demander à scanf de sauter les séparateurs à un moment donné, en plaçant un caractère "espace" dans le format, comme dans cet exemple :

```
scanf ("%d %c", &n, &c) ;
```

Voici deux exemples d'informations et les valeurs obtenues :

```
124^r@n : 124   c : r
124@
g@n : 124     c : g
```

Vous voyez que cette possibilité permet au programme de lire à la fois des nombres et des caractères séparés par des espaces (ou des fins de ligne).

Attention, toutefois, à ne pas terminer un format par un espace comme dans :

```
scanf ("%d ",...) ;
```

car, dans ce cas, après avoir trouvé une information numérique (pour *%d*), scanf va rechercher un caractère différent d'un séparateur, ce qui signifie qu'il ne sera pas satisfait tant que l'utilisateur se contentera de frapper des espaces ou des validations…

Nous utilisons conventionnellement le caractère ^ pour signaler un espace dans le fil du texte de l'ouvrage. En revanche, nous ne le faisons jamais au sein d'une instruction en langage C, pour éviter toute confusion (on pourrait, dans certains cas, croire que ce caractère fait vraiment partie de l'instruction !).

Exercice III.6 Adaptez le programme demandé dans l'exercice III.1, afin que le nom de l'article, sa catégorie et sa quantité soient fournis en données avec un dialogue de ce genre :

```
article : S
catégorie : B
quantité : 50
```

8. Quelques précautions à prendre avec scanf

8.1 Fautes de programmation

Comme pour *printf*, vous devez préciser dans le format de scanf, pour chaque valeur à lire, un code de format approprié. Vous risquez donc de commettre certaines erreurs.

Tout d'abord, vous pouvez donner un code de format qui ne correspond pas au type de la variable à lire, par exemple *%d* pour une valeur de type *float*. Dans ce cas, retenez simplement que *scanf* va convertir la valeur suivant un code qui ne correspond pas au type de la variable ; le résultat sera généralement assez déconcertant. Qui plus est, tout cela peut se corser de par le fait que toutes les informations n'ont pas la même taille ; ainsi, si le type *float* occupe 4 octets, alors que le type *int* n'en occupe que 2, en lisant en *%e* une valeur pour un *int*, vous allez modifier 4 octets alors que seuls les deux premiers appartiennent à la variable ; vous risquez ainsi de modifier de façon imprévisible les valeurs d'autres variables.

D'autre part, vous pouvez également ne pas fournir un nombre de codes de format identique au nombre de valeurs à afficher. Dans ce cas, il faut savoir que *scanf*, comme *printf*, cherche toujours à lire le nombre de valeurs prévues par le format ; s'il n'y en a pas assez, comme dans :

```
scanf ("%d %d", &n) ;
```

les valeurs supplémentaires seront placées à des emplacements arbitraires de la mémoire, ce qui peut conduire à des catastrophes... En revanche, s'il y en a trop, comme dans :

```
scanf ("%d", &n, &p) ;
```

le mal sera moins grave : les variables excédentaires verront simplement leur valeur inchangée.

8.2 Erreurs de l'utilisateur

L'interprétation des informations par *scanf* est assez complexe et nous n'avons examiné ici que les situations les plus usuelles. Si vous voulez en savoir plus (et expliquer tous les comportements existants en cas de réponse incorrecte), sachez que :

- un code de format numérique accepte un nombre suivi d'un caractère ; dans ce cas, ce caractère reste disponible pour la suite,

- quand un code format ne trouve rien de convenable (par exemple, le premier caractère qui se présente n'est ni un chiffre ni un signe), l'instruction *scanf* ne prend plus d'autre information en compte (même s'il reste d'autres codes de format à traiter), et les variables non encore lues conservent leur ancienne valeur. Attention, le programme ne s'arrête pas pour autant, de sorte que le comportement ultérieur peut être assez déroutant. C'est là l'erreur la plus fréquente de la part de l'utilisateur...

Résumé

Pour afficher des informations à l'écran, on utilise l'instruction de lecture printf comme dans :

```
printf ("quantité : %d, prix : %e", qte, prix) ;
```

Elle comporte toujours un format, c'est-à-dire une chaîne de caractères (ici *"quantité : %d, prix : %e"*) et, éventuellement, une ou plusieurs expressions (ici qte et prix). Le format comporte à la fois :

■ des codes de format, commençant par %, précisant comment est affichée une valeur de la liste,

■ des libellés (caractères quelconques du type *char*) qui seront affichés tels quels.

Nous avons rencontré les codes de format suivants :

■ *%d* pour une valeur de type *int*,

■ *%f* pour une valeur de type *float*, affichée en notation flottante,

■ *%e* pour une valeur de type *float*, affichée en notation exponentielle,

■ *%c* pour le type *char*.

Dans un code de format, on peut spécifier un gabarit (comme dans *%3d* ou *%10f*), au lieu de laisser printf utiliser le nombre exact de caractères nécessaires. De même, pour les types flottants, on peut spécifier la précision (comme dans *%10.3f* ou *%12.4e*), c'est-à-dire le nombre de chiffres souhaités après le point (par défaut, printf en prévoit 6).

Un caractère \n permet de provoquer un changement de ligne avant l'affichage suivant.

Si la liste comporte plus d'éléments qu'il n'y a de codes de format, les dernières valeurs ne seront pas affichées ; si, en revanche, il y a trop de codes de format, ces derniers provoqueront l'affichage de valeurs imprévisibles.

Pour prélever des informations au clavier et les affecter à des variables, on utilise l'instruction de lecture *scanf* comme dans :

```
scanf ("%d %f", &n, &x) ;
```

Elle comporte un format et une ou plusieurs adresses de variables ; une adresse de variable s'obtient en faisant précéder son nom de &. Nous avons rencontré les codes de format :

■ *%d* pour une valeur destinée à une variable de type *int*,

■ *%f* ou *%e* pour une valeur exprimée en notation entière, flottante ou exponentielle, destinée à une variable de type *float*,

■ *%c* pour un caractère destiné à une variable de type *char*.

Dans la réponse fournie par l'utilisateur, les caractères espace et fin de ligne (ce dernier est automatiquement obtenu lors de la frappe de la touche de validation), jouent un rôle de séparateur. Les codes numériques sautent toujours les séparateurs, le code *%c*, quant à lui, ne le fait pas. Un espace dans le format demande de sauter tous les séparateurs qui se présentent.

Les informations excédentaires fournies par l'utilisateur sont conservées pour une prochaine lecture.

Chapitre 4

Pour faire des choix : l'instruction if

Dans le précédent chapitre, nous avons étudié les trois instructions de base que sont l'affectation, la lecture et l'écriture. Jusqu'ici, nous ne les avons utilisées que pour réaliser des programmes dans lesquels les instructions étaient exécutées séquentiellement, c'est-à-dire tout simplement dans l'ordre dans lequel elles apparaissaient dans le programme.

Comme nous l'avons déjà évoqué, l'intérêt et la puissance de l'ordinateur sont essentiellement dus à la possibilité d'effectuer des choix et des répétitions au sein du programme. La plupart des langages évolués, et en particulier le C, disposent à cet effet de structures de contrôle : on parle suivant les cas de structures de choix ou de structures de répétition. Ici, nous allons étudier l'instruction permettant de réaliser des structures de choix, à savoir *if*. Les instructions permettant de réaliser des structures de répétition seront étudiées dans le chapitre suivant.

1. Exemples introductifs de l'instruction if

1.1 Choix entre deux instructions

Voyez ce petit programme :

```
main()
{
   int n, p ;
   printf ("donnez deux nombres entiers : ") ;
   scanf ("%d%d", &n, &p) ;
   if (n < p) printf ("croissant\n") ;
      else   printf ("non croissant\n") ;
   printf ("au revoir\n") ;
}
```

Les deux lignes :

```
if (n < p)   printf ("croissant\n") ;
        else   printf ("non croissant\n") ;
```

correspondent au "canevas" suivant :

```
if (n < p)   instruction_1
        else   instruction_2
```

Elles constituent ce que l'on nomme une instruction *if*. Sa compréhension est assez intuitive : si la condition mentionnée entre parenthèses à la suite du mot *if* (ici *n < p*) est vraie, on exécute l'instruction :

```
printf ("croissant\n") ;
```

Dans le cas contraire, on exécute l'instruction :

```
printf ("non croissant\n") ;
```

puis, dans tous les cas, on passe à l'instruction apparaissant après l'instruction *if*, c'est-à-dire ici :

```
printf ("au revoir\n") ;
```

Voici deux exemples d'exécution de notre programme :

```
donnez deux nombres entiers : 12 45
croissant
au revoir
```

```
donnez deux nombres entiers : 28 -15
non croissant
au revoir
```

Nous avons déjà dit que la présentation des instructions était libre ; notre instruction *if* précédente pourrait très bien être présentée ainsi :

```
if (n < p)
    printf ("croissant\n") ;
 else
    printf ("non croissant\n") ;
```

ou encore :

```
if (n < p) printf ("croissant\n") ; else printf ("non croissant\
n") ;
```

Une instruction telle que *if* est dite une instruction structurée car elle contient à son tour d'autres instructions (2 dans notre exemple).

1.2 Choix entre deux "blocs" d'instructions

Dans notre exemple du paragraphe précédent, chacune des deux parties du choix se limite à une seule instruction (ici *printf*). Il est possible d'en placer plusieurs, à condition de les regrouper en ce que l'on nomme un bloc : il s'agit d'une suite d'instructions placées entre les caractères { et }. Voici, par exemple, comment nous pourrions adapter le programme précédent pour qu'il détermine, en outre, le plus grand des deux nombres fournis et qu'il nous en affiche la valeur :

```
main()
{
   int n, p, maxi ;
   printf ("donnez deux nombres entiers : ") ;
   scanf ("%d%d", &n, &p) ;
   if (n < p)
      { maxi = p ;
        printf ("croissant\n") ;
      }
    else
      { maxi = n ;
        printf ("non croissant\n") ;
      }
   printf ("le plus grand des deux nombres est : %d", maxi) ;
}
```

Ici, nous avons modifié ainsi notre instruction *if* :

```
if (n < p)
  { maxi = p ;
    printf ("croissant\n") ;
  }
else
    { maxi = n ;
      printf ("non croissant\n") ;
    }
```

Elle correspond, cette fois, au canevas suivant :

```
if (n < p) bloc_1
      else bloc_2
```

Comme on peut s'y attendre, si la condition mentionnée (ici *n < p*) est vraie, on exécute le premier bloc ; si elle est fausse, on exécute le second. Puis, dans tous les cas, on passe à l'instruction venant à la suite de l'instruction *if*.

Voici deux exemples d'exécution de notre programme :

```
donnez deux nombres entiers : 12 45
croissant
le plus grand des deux nombres est : 45
```

```
donnez deux nombres entiers : 28 -15
non croissant
le plus grand des deux nombres est : 28
```

Remarques

Ici, nos blocs ne contiennent que ce que l'on nomme des "instructions simples" mais nous verrons bientôt qu'un bloc peut également contenir des instructions structurées (telles que *if*) qui peuvent, à leur tour, contenir d'autres blocs.

La présentation étant libre en C, l'instruction *if* précédente pourrait, par exemple, être présentée ainsi :

```
    if (n < p)
      { maxi = p ;
        printf ("croissant\n") ; }
      else
      { maxi = n ;
        printf ("non croissant\n") ; }
```

mais on y voit moins les blocs et il est plus difficile de retrouver une faute de syntaxe ; par exemple, manque du caractère de fin de bloc "}".

Cette même instruction *if* pourrait encore être présentée de cette manière (pas facile cependant à généraliser à des grands blocs) :

```
if (n < p) { maxi = p ; printf ("croissant\n") ; }
        else { maxi = n ; printf ("non croissant\n") ; }
```

En revanche, il est conseillé d'éviter ce genre de choses (acceptées, malgré tout par le compilateur) :

```
if (n < p) { maxi = p ;
printf ("croissant\n") ; } else
{ maxi = n ; printf ("non croissant\n") ; }
```

1.3 L'exécution conditionnelle : un cas particulier d'instruction if

Il n'est pas nécessaire qu'une instruction *if* comporte une partie introduite par *else*. Ainsi, avec l'instruction suivante :

```
if (n<p) printf ("croissant\n") ;
printf ("au revoir\n") ;
```

on exécute l'instruction :

```
printf ("croissant\n") ;
```

si la condition *n<p* est vraie. Puis, dans tous les cas, on exécute l'instruction :

```
printf ("au revoir\n") ;
```

Ce cas particulier d'instruction *if* se nomme parfois exécution conditionnelle. Comme on peut s'en douter, il pourra également s'employer avec un bloc.

Notez que l'unique instruction *if* de l'exemple du paragraphe 1.1 pourrait être remplacée par deux exécutions conditionnelles (>= signifiant "supérieur ou égal") :

```
if (n < p)  printf ("croissant\n") ;
if (n >= p) printf ("non croissant\n") ;
```

2. L'instruction if en général

2.1 Les différents canevas

Nous venons de voir deux exemples d'instructions *if* : la première permettait de choisir entre deux instructions, la seconde entre deux blocs.

Bien entendu, on peut également utiliser cette instruction pour choisir entre une instruction et un bloc ou entre un bloc et une instruction, comme dans ces canevas :

```
if (...) instruction            if (...) bloc
    else bloc                        else instruction
```

De plus, comme la partie introduite par *else* est facultative, on peut également rencontrer ces canevas (on parle alors d'exécution conditionnelle plutôt que de choix) :

```
if (...) instruction    if (...) bloc
```

Avant de vous présenter la syntaxe générale de l'instruction *if*, il est bon, tout d'abord, d'apporter quelques précisions sur les différents types d'instructions et sur la notion de bloc.

2.2 Blocs d'instructions

Un bloc est donc constitué d'une suite d'instructions placées entre *{* et *}*.

Les instructions qui figurent dans un bloc peuvent être absolument quelconques. Or il existe, en fait, deux sortes d'instructions en C :

- les instructions simples (exemple : l'affectation, *scanf*, *printf*) : elles se terminent toujours par un point-virgule et, de par leur nature même, elles ne peuvent jamais contenir d'autres instructions ;

- les instructions structurées (exemple *if*) : elles peuvent contenir d'autres instructions.

N'importe quelle instruction C pourra figurer dans un bloc ; les instructions structurées pourront, à leur tour, faire intervenir d'autres blocs. On peut dire qu'il y a, en C, une sorte de "récursivité" de la notion d'instruction (à la manière des poupées gigognes…).

Enfin, nous verrons qu'il est pratique de considérer qu'un bloc est lui-même une instruction. Cela nous permettra de parler simplement d'instruction, au lieu d'avoir à préciser "instruction simple, instruction structurée ou bloc". Ainsi, avec cette nouvelle définition du terme instruction, les quatre canevas précédents se réduisent à deux :

```
if (...) instruction_1          if (...) instruction
    else instruction_2
```

Une instruction simple est toujours terminée par un point-virgule. Ainsi, le bloc :

```
{ i = 5 ; k = 3 }
```

est incorrect car il manque un point-virgule à la fin de la seconde instruction qu'il contient.

Un bloc peut ne comporter qu'une seule instruction ; par exemple, le bloc :

```
{ i = 1 ;}/* bloc ne comportant qu'une instruction,*/
```

est correct ; il est toutefois rigoureusement équivalent à l'instruction :

```
i = 1 ;
```

Un bloc peut également ne comporter aucune instruction ; le bloc suivant est correct :

```
{ }    /* bloc vide - correct */
```

2.3 La syntaxe de l'instruction if

D'une manière générale, l'instruction *if* se présente donc sous l'une des deux formes suivantes :

L'instruction *if*

if (condition)	if (condition)
instruction_1	instruction_1
else	
instruction_2	

Avec :

- *condition* : condition quelconque (nous verrons plus loin les différentes conditions qu'il est possible d'écrire),

- *instruction_1* et *instruction_2* : instructions quelconques, c'est-à-dire :
  - simple (terminée par un point-virgule),
  - instruction structurée,
  - bloc.

2.4 Quelques erreurs à éviter

Considérons une situation telle que :

```
if (a<b) printf ("ordonne\n") ;
        max = b ;
    else printf ("non ordonne\n") ;
```

La première ligne ne pose aucun problème : le compilateur détecte le début d'une instruction *if*. Comme à la suite de la condition il ne trouve pas de bloc, il sait que la partie correspondant au "cas vrai" ne comporte qu'une instruction. À la suite du premier printf, il ne trouve pas de mot *else* : il en conclut donc que l'instruction *if* s'achève là, autrement dit qu'elle ne comporte pas de *else*. L'instruction *max = b* ; ne lui pose pas de problème particulier (elle apparaît à la suite de l'instruction if précédente). En revanche, à la rencontre du *else*, le compilateur ne peut l'attribuer à aucune instruction *if* et il signale une erreur.

Le même phénomène se retrouve dans une construction telle que celle-ci :

```
if (a<b)
   {...}
   printf (...) ;
else
   {...}
```

Pour le compilateur, le premier bloc correspond sans aucun doute au "cas vrai" de l'instruction *if*. La rencontre de *printf* laisse penser qu'elle se termine là et le mot *else* l'amène à signaler une erreur.

On peut résumer ces situations en disant qu'une suite d'instructions quelconques ne se comporte pas comme une seule instruction (au sens large), sauf si, bien sûr, on l'a placée dans un bloc. Il en va de même pour un bloc suivi d'une instruction.

2.5 L'instruction vide

En langage C, il existe une instruction vide, à savoir une instruction simple constituée de… rien et terminée par un point-virgule :

```
;   /* instruction vide */
```

Dans ces conditions, face à la construction suivante :

```
if(a<b) {...} ;
  else {...}
```

le compilateur ne détecte pas le point-virgule intempestif. L'instruction vide (*;*) située à la fin du premier bloc lui fait croire à la fin de l'instruction *if* et c'est la rencontre du mot *else* qui lui fait signaler une erreur.

Notez que si l'instruction *if* ne comportait pas de *else*, aucune erreur ne serait détectée par le compilateur qui trouverait simplement une instruction vide à la suite de l'instruction *if*.

3. Les conditions en C

L'instruction *if* fait donc apparaître (entre parenthèses, à la suite du mot *if*), une condition. Dans nos exemples, nous n'avons rencontré que les conditions *n<p* et *n>=p*, lesquelles correspondent à ce que l'on nomme une condition simple. D'une manière générale, en langage C, une condition peut être simple ou composée.

3.1 Les conditions simples et les opérateurs de comparaison

Comme on peut s'en douter, une condition simple est formée de la comparaison de deux expressions, en faisant appel à un opérateur de comparaison (dit encore "opérateur relationnel") comme < ou >.

Là encore, la signification d'un opérateur de comparaison n'est définie que pour des expressions de même type qui peut être, non seulement un type numérique comme *int* ou *float*, mais également le type *char*. Voici les différents opérateurs de comparaison du C :

Les opérateurs de comparaison du langage C

Opérateur	Signification "numérique"	Signification "caractère"
= =	égal	identique
<	inférieur	de code inférieur
>	supérieur	de code supérieur
<=	inférieur ou égal	de code inférieur ou égal
>=	supérieur ou égal	de code supérieur ou égal
!=	non égal	différent

Notez que, pour la comparaison des caractères, on utilise en fait la valeur de leur code (c'est-à-dire la valeur obtenue en considérant que les huit bits de leur code représentent un nombre entier). Le résultat d'une telle comparaison peut varier suivant le code utilisé ; mais, dans tous les cas, on est sûr que l'ordre alphabétique est respecté pour les minuscules d'une part, pour les majuscules d'autre part et que les caractères représentant des chiffres sont rangés dans leur ordre naturel. Autrement dit, on a toujours *'a' < 'c'*, *'C' < 'S'*, *'2' < '5'* ; en revanche, aucune hypothèse ne peut être faite sur les places relatives des chiffres, des minuscules et des majuscules.

Ces opérateurs de comparaison sont, en C, moins prioritaires que tous les opérateurs arithmétiques. Voici quelques exemples de conditions simples (n et p sont supposées de type *int*, *c1* et *c2*, de type *char*) :

n != p	vrai si la valeur de *n* est différente de celle de *p*
n + 3 == p	vrai si la valeur de *n+3* est égale à celle de *p*
*n + 3 < 2 * p*	vrai si la valeur de *n+3* est inférieure à celle de *2*p*

$n * p + 2 * n < 5$	vrai si la valeur de $n*p+2*n$ est inférieure à 5
$c1 <= c2$	vrai si le caractère de $c1$ est avant le caractère de $c2$, ou s'il lui est égal
$c1 == \text{'}e\text{'}$	vrai si le caractère de $c1$ est le caractère e
$c1 < \text{'}g\text{'}$	vrai si le caractère de $c1$ est avant le caractère g

Remarques

Quatre des six opérateurs de comparaison s'écrivent avec deux caractères ; ceux-ci ne doivent, en aucun cas, être séparés par un ou plusieurs espaces.

Attention, lorsqu'une condition apparaît dans une instruction *if*, elle est entourée de parenthèses, lesquelles font partie de la syntaxe de l'instruction elle-même.

Comme dans les expressions arithmétiques, il est possible, dans les conditions, de faire apparaître des expressions de types différents. Les choses resteront naturelles en cas de mélange de types numériques ; par exemple, si *n* est de type *int* et *x* de type *float*, la condition *n + 3 < x* sera simplement évaluée en convertissant le résultat du calcul de *n + 3* en float.

En revanche, en cas de mélange de type *char* avec d'autres types numériques, il y aura conversion de *char* en un type numérique, la valeur obtenue étant celle du code du caractère… Nous vous conseillons d'éviter cette possibilité pour l'instant.

Attention aux comparaisons d'égalité de deux expressions de type *float*. En effet, il ne faut pas oublier que les calculs sur les flottants sont approchés ; par exemple, avec ces instructions :

```
float x = 1./3.
.....
if (x * 3. == 1.) .....
```

il n'est pas du tout certain que la condition mentionnée soit vraie. En général, on pourra s'affranchir d'une telle difficulté en s'assurant que la valeur absolue de l'écart entre les deux expressions est assez petite, par exemple :

```
if (fabs (x*3. - 1.) < 1.e-5) .....
```

La fonction *fabs* sera présentée dans le chapitre consacré aux fonctions. Pour l'instant, sachez qu'il existe bon nombre de fonctions toutes faites qu'on peut utiliser dans une expression.

Exercice IV.1

Écrivez un programme qui lit deux nombres flottants et qui les affiche dans l'ordre croissant. On pourra proposer deux solutions :

a) l'une n'utilisant pas d'autres variables que celles prévues pour les deux nombres ;

b) l'autre utilisant une variable supplémentaire.

Exercice IV.2   Écrivez un programme qui lit le rayon d'un cercle et qui demande à l'utilisateur :

– s'il souhaite en obtenir le périmètre ; si la réponse est positive, celui-ci sera calculé et affiché ;

– s'il souhaite en obtenir l'aire ; si la réponse est positive, celle-ci sera calculée et affichée.

Dans les deux cas, la réponse de l'utilisateur sera fournie sous forme d'un seul caractère : la lettre O sera interprétée comme une réponse positive tandis que tout autre caractère sera interprété comme une réponse négative.

3.2 Les conditions composées et les opérateurs logiques

En C, comme en mathématiques, on peut "relier" plusieurs conditions simples par des opérateurs logiques :

Les opérateurs logiques du langage C

Opérateur	Signification
&&	et
||	ou (inclusif)
!	non

Voici quelques exemples :

(a<b) && (c<d) **:** prend la valeur vrai si les deux expressions $a<b$ et $c<d$ sont toutes deux vraies, la valeur faux dans le cas contraire.

(a<b) || (c<d) : prend la valeur vrai si l'une au moins des deux conditions $a<b$ et $c<d$ est vraie, la valeur faux dans le cas contraire.

! (a<b) : prend la valeur vrai si la condition $a<b$ est fausse et la valeur faux, dans le cas contraire. Cette condition est, en fait, équivalente à : $a>=b$.

Les deux premiers opérateurs sont moins prioritaires que tous ceux déjà rencontrés ; le dernier, en revanche, l'est plus. Ainsi, les parenthèses sont superflues dans les deux premiers exemples mais indispensables dans le dernier. Par souci de lisibilité, nous préférons toujours les employer.

Enfin, bien que ce soit d'un usage plus limité, sachez que ces trois opérateurs peuvent relier, non seulement des conditions simples, mais n'importe quelle condition composée, comme dans cet exemple de condition (là encore, certaines parenthèses pourraient être éliminées en tenant compte des priorités relatives des différents opérateurs) :

```
((a<b) && (n==p)) || (i==5)
```

Exemple

Voici un programme qui demande à l'utilisateur de lui fournir une lettre minuscule se situant entre les lettres *d* et *m* (ces lettres incluses) et qui précise si la réponse est correcte ou non :

```
main()
{
    char reponse ;
    printf ("donnez une lettre minuscule entre d et m : ") ;
    scanf ("%c", &reponse) ;
    if ( (reponse >= 'd') && (reponse <= 'm') ) printf ("correct\n") ;
            else printf ("incorrect\n") ;
}
```

```
donnez une lettre minuscule entre d et m : f
correct
```

```
donnez une lettre minuscule entre d et m : y
incorrect
```

Exercice IV.3 Écrivez un programme qui lit trois nombres entiers et qui précise s'ils sont ou non rangés par ordre croissant strict.

4. Les choix imbriqués

4.1 Le cas général

Comme nous l'avons dit, les instructions figurant dans un bloc sont absolument quelconques. Il peut donc s'agir, le cas échéant, d'autres instructions *if*. Il est ainsi facile de traduire des structures de "choix imbriqués".

Voici un schéma (accompagné de commentaires) illustrant une telle situation :

```
if   (condition1)
   {  .....            /* réalisé si condition1 est vraie */
       if (condition2)
       { .....          /* réalisé si condition 1 et condition 2 sont vraies */
       }
       else
          { .....        /* réalisé si condition 1 est vraie et condition 2 fausse */
          }
   }
else
   { .....              /* réalisé si condition 1 est fausse */
   }
.....                    /* réalisé dans tous les cas */
```

Ici, nous avons placé systématiquement des blocs pour chacune des parties de chaque choix ; bien entendu, si un bloc ne contient qu'une seule instruction, les symboles { et } peuvent être omis (les garder ne constituerait cependant pas une erreur, dans la mesure où un bloc peut très bien ne contenir qu'une seule instruction).

Voici un exemple de programme qui résout une équation du premier degré (de la forme $ax + b = 0$) : il lit les deux coefficients et il fournit soit la racine si elle existe, soit un message précisant que l'équation est impossible ($a=0$ et b non nul), ou indéterminée ($a=0$ et $b=0$).

```
main()
{  float a, b, racine ;
   printf ("donnez les coefficients : ") ;
   scanf ("%e%e", &a, &b) ;
   if ( a != 0 )
      { racine = - b / a ;
        printf ("solution : %e\n", racine) ;
      }
    else if (b == 0) printf ("solution indéterminée\n") ;
       else printf ("pas de solution\n");
}
```

```
donnez les coefficients : 3 4
solution : -1.333333e+00
```

```
donnez les coefficients : 0 3
pas de solution
```

4.2 Quand il y a moins de else que de if

Dans notre précédent canevas, chaque structure de choix était complète, dans la mesure où elle comportait deux parties (cas vrai, cas faux) ; il y avait donc autant de else que de *if*. Mais, comme une instruction *if* peut ne peut pas contenir de *else*, certaines formulations peuvent paraître ambiguës ; considérons, par exemple (ici, il n'y a aucun bloc) :

```
if (a<b) if (b<c) printf ("ordonne\n") ;
      else printf ("désordonné\n") ;
printf ("fin\n") ;
```

La présence d'autre chose que *else* après le dernier *printf* montre qu'on ne peut plus trouver d'autre *else* (ou, alors, il y aura une faute de syntaxe, liée à l'absence d'un bloc…). Dans ce cas, il faut pouvoir décider à quel if se rapporte le *else*. La règle adoptée par le langage C est que :

Un *else* se rapporte toujours au dernier *if* rencontré auquel un *else* n'a pas encore été attribué.

Ainsi, nous aurions tout intérêt à présenter de cette façon l'instruction précédente :

```
if (a<b) if (b<c) printf ("ordonne\n") ;
             else printf ("désordonné\n" ;
printf ("fin\n") ;
```

Exercice IV.4 Écrivez le canevas présenté au début du paragraphe 4.1, sans utiliser d'imbrications de *if*.

Exercice IV.5 Même question pour le programme donné en exemple de ce même paragraphe 4.1.

Exercice IV.6 Écrivez un programme qui, à partir d'un montant lu en donnée, détermine un montant net obtenu par application d'une remise de :

• 1% si le montant est compris entre 2 000 F et 5 000 F (ces valeurs comprises),

• 2% si le montant est supérieur à 5 000 F.

Résumé

L'instruction *if* permet de programmer :

■ soit une structure de choix :

```
if (condition) ... else ...
```

■ soit une structure d'exécution conditionnelle :

```
if (condition) ...
```

Elle fait intervenir :

■ une condition logique qui peut être :

- une condition simple, c'est-à-dire une comparaison entre deux expressions de même type, à l'aide de l'un des opérateurs *<, >, <=, >=, ==* et *!=* (des expressions de types différents peuvent être comparées, grâce aux instructions de conversion que le compilateur met alors en place),

- une condition composée, faisant intervenir d'autres conditions logiques (simples ou composées), reliées par les opérateurs logiques *&&* (et), *||* (ou) et *!* (négation) ;

■ deux instructions "au sens large" (une seule dans le cas particulier de l'exécution conditionnelle) c'est-à-dire :

- une instruction simple (affectation, *printf*, *scanf*...) terminée par un point-virgule,

- un bloc (suite d'instructions placées entre *{* et *}*),

- une instruction structurée (pour l'instant, la seule instruction que nous connaissons dans cette catégorie est *if*) .

Lorsque plusieurs instructions *if* sont imbriquées les unes dans les autres, un else se rapporte toujours au dernier *if* rencontré auquel un *else* n'a pas encore été attribué.

Chapitre 5

Les structures de répétition

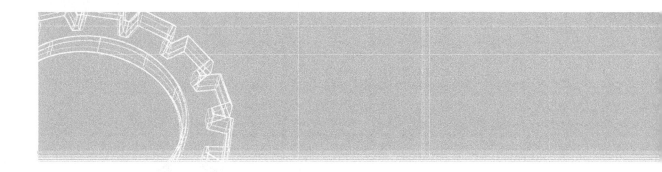

Après avoir vu comment réaliser des structures de choix, nous allons maintenant apprendre à réaliser les structures les plus puissantes de la programmation, à savoir les répétitions (on parle aussi de boucles) : elles consistent à exécuter à plusieurs reprises une suite d'instructions. En langage C, comme dans la plupart des autres langages, ces répétitions sont de deux sortes :

- conditionnelles (ou "indéfinies") : la poursuite ou l'interruption de la répétition des instructions concernées dépend d'une certaine condition ;

- inconditionnelles (ou "avec compteur" ou "définies") : les instructions concernées sont répétées un nombre donné de fois.

- En langage C, il existe deux instructions permettant de réaliser des répétitions conditionnelles :

- l'instruction *do... while*,

- l'instruction *while...*

Nous commencerons par étudier ces deux instructions. Nous introduirons ensuite la notion de compteur et nous verrons comment la mettre en œuvre pour programmer une répétition inconditionnelle. Nous verrons enfin comment l'instruction *for* permet de simplifier quelque peu les choses.

1. L'instruction do... while

1.1 Un premier exemple d'introduction

Considérez ce programme :

```
main ()
{
   int n ;
   do
      { printf ("donnez un nombre entier : ") ;
        scanf ("%d", &n) ;
        printf ("voici son carré : %d\n", n*n) ;
      }
   while (n != 0) ;
   printf ("fin du programme - au revoir") ;
}
```

On y rencontre une nouvelle instruction :

```
do
  { printf ("donnez un nombre entier : ") ;
    scanf ("%d", &n) ;
    printf ("voici son carré : %d\n", n*n) ;
  }
while (n != 0) ;
```

Elle correspond au "canevas" suivant :

```
do
  { ... }
while (n != 0) ;
```

On y demande de répéter le bloc (formé ici de trois instructions qui lisent une valeur et en écrivent son carré) autant de fois que nécessaire, en examinant, chaque fois (après l'exécution des instructions du bloc), si la condition mentionnée (*n != 0*) est vraie. Si tel est le cas, le bloc sera à nouveau répété ; dans le cas contraire, la répétition cessera et l'on passera à l'instruction suivante.

Voici un exemple d'exécution de ce programme, lorsque l'utilisateur fournit successivement les valeurs 4, 12, -6 et 0 :

```
donnez un nombre entier : 4
voici son carré : 16
donnez un nombre entier : 12
voici son carré : 144
donnez un nombre entier : -6
voici son carré : 36
donnez un nombre entier : 0
voici son carré : 0
fin du programme - au revoir
```

On notera bien que le programme affiche également le carré de la valeur 0 qui a servi à décider de l'interruption de la répétition. Ceci est dû à ce que l'examen de la condition ne se fait qu'après l'exécution des instructions à répéter. Notez qu'il serait facile d'éliminer l'affichage du carré de 0 en procédant ainsi :

```c
do
  { printf ("donnez un nombre entier : ") ;
    scanf ("%d", &n) ;
    if (n != 0) printf ("voici son carré : %d\n", n*n) ;
  }
while (n != 0) ;
```

1.2 Syntaxe de l'instruction do… while

D'une façon générale, l'instruction *do… while* se présente ainsi :

> L'instruction *do… while*
>
> do instruction
> while (condition) ;

L'instruction mentionnée est n'importe quelle instruction "au sens large", c'est-à-dire une instruction simple, un bloc ou une instruction structurée (telle que if ou *do… while*).

Remarques
Notez bien, d'une part la présence de *parenthèses* autour de la conditon qui régit la poursuite de la boucle, d'autre part la présence d'un *point-virgule* à la fin de cette instruction.

Lorsque l'instruction à répéter se limite à une seule instruction simple, n'omettez pas le point-virgule qui la termine. Ainsi, cette instruction :

```
do scanf ("%d", &n) while ( n != 0) ;
```

serait incorrecte. Il faut absolument écrire :

```
do scanf ("%d", &n) ; while ( n != 0) ;
```

De par sa nature même, les instructions gouvernées par une instruction *do... while* sont toujours exécutées au moins une fois (puisque la condition n'est examinée qu'après exécution de ces instructions). On dit souvent qu'on fait toujours au moins "un tour de boucle". Nous verrons qu'il n'en ira pas de même avec l'instruction *while*.

Si la condition mentionnée ne devient jamais fausse, les instructions de la boucle sont répétées indéfiniment. On dit souvent, dans ce cas, que le programme "boucle". En général, on peut interrompre l'exécution d'un programme en frappant une combinaison de touches dépendant de la machine concernée.

Exercice V.1
Écrivez un programme qui demande à l'utilisateur de lui fournir un nombre entier positif et inférieur à 100 et ceci jusqu'à ce que la réponse soit satisfaisante ; le dialogue se présentera ainsi :

```
donnez un entier positif inférieur à 100 : 452
donnez un entier positif inférieur à 100 : 0
donnez un entier positif inférieur à 100 : 28
merci pour le nombre 28
```

Exercice V.2
Dans le programme de l'exercice précédent, l'utilisateur se voit poser la même question, qu'il s'agisse d'une première demande ou d'une nouvelle demande suite à une réponse incorrecte. Améliorez-le de façon que le dialogue se présente ainsi :

```
donnez un entier positif inférieur à 100 : 452
SVP positif inférieur à 100 : 0
SVP positif inférieur à 100 : 28
merci pour le nombre 28
```

1.3 Un autre exemple : doublement de capital

Nous allons vous proposer un programme qui demande à l'utilisateur de lui fournir la valeur d'un capital qu'il souhaite placer, ainsi que le taux (annuel) auquel sera effectué le placement.

Il lui affiche l'évolution annuelle de ce capital jusqu'à ce qu'il ait atteint deux fois la valeur du capital initial.

Nous utiliserons une variable de type *float* nommée *cap* qui contiendra la valeur du capital, au fil des différentes années. Elle devra être initialisée avec la valeur fournie par l'utilisateur, et sa progression d'une année à la suivante sera réalisée par une instruction telle que (*taux* désignant la variable contenant le taux du placement) :

```
cap = cap * ( 1 + taux ) ;
```

Notez que la "nouvelle" valeur de *cap* est obtenue par une expression faisant intervenir l'ancienne valeur ; cette instruction est analogue à une instruction telle que *i=i+1*.

Voici le programme complet, accompagné d'un exemple d'exécution :

```
main()
{
   float    cap_ini,         /* capital initial */
            cap,             /* capital à une année donnée */
            taux ;           /* taux du placement */
   printf ("donnez le capital à placer et le taux : ") ;
   scanf ("%e%e", &cap_ini, &taux) ;
   cap = cap_ini ;
   do
      {cap = cap * (1 + taux) ;   /* progression du capital en 1 an */
       printf ("capital un an plus tard : %12.2f\n", cap) ;
      }
   while (cap <= 2 * cap_ini) ;
}
```

```
donnez le capital à placer et le taux : 10000 0.12
capital un an plus tard :     11200.00
capital un an plus tard :     12544.00
capital un an plus tard :     14049.28
capital un an plus tard :     15735.19
capital un an plus tard :     17623.42
capital un an plus tard :     19738.23
capital un an plus tard :     22106.82
```

2. L'instruction while

L'instruction *do… while* permet de réaliser une structure de répétition conditionnelle, dans laquelle la décision de poursuite de la répétition est effectuée à la fin de l'exécution des instructions concernées. En langage C, il existe une autre instruction, *while*, analogue à la précédente, dans laquelle la décision de poursuite de la répétition est effectuée avant l'exécution des instructions concernées.

2.1 Exemple d'introduction de l'instruction while

Voici comment, dans notre exemple du paragraphe 1.3, nous pourrions remplacer l'instruction *do… while* par une instruction *while* :

```
while (cap <= 2 * cap_ini)
   { cap = cap * (1 + taux) ;
     printf ("capital un an plus tard : %12.2f\n", cap) ;
   }
```

Le "canevas" :

```
while (cap <= 2 * cap_ini)
   { ... }
```

demande de répéter le bloc indiqué, tant que la condition mentionnée n'est pas remplie.

2.2. La syntaxe de l'instruction while

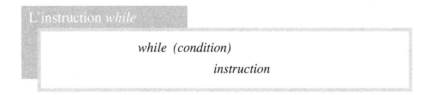

L'instruction *while*

$$while \ (condition)$$
$$instruction$$

L'instruction mentionnée est n'importe quelle instruction "au sens large", c'est-à-dire une instruction simple, un bloc ou une instruction structurée (telle que *if*, *do… while* ou *while*).

Remarque Là encore, notez bien la présence de parenthèses pour délimiter la condition de poursuite. Remarquez que, par contre, la syntaxe n'impose aucun point-virgule de fin (il s'en trouvera naturellement un à la fin de l'instruction qui suit si celle-ci est simple).

Remarques

De par la nature même de l'instruction *while*, la condition régissant la répétition est évaluée avant la première exécution des instructions gouvernées par la boucle (on dit aussi "avant le premier tour de boucle"). Par conséquent :

• cette condition doit pouvoir être évaluée avant d'entamer la répétition ; par exemple, avec :

```
while ( cap <= 2 * cap_ini ) ...
```

il est nécessaire que les variables *cap* et *cap_ini*, intervenant dans la condition, soient effectivement définies auparavant (n'oubliez pas que, si ce n'était pas le cas, elles posséderaient une valeur indéterminée…).

Il n'en allait pas exactement ainsi dans le cas de l'instruction *do… while* ; la condition n'étant évaluée qu'en fin de boucle, les variables y intervenant pouvaient très bien n'être définies que lors du premier tour de boucle.

• il est possible que cette condition soit fausse dès le début, auquel cas, les instructions gouvernées par la répétition ne sont pas exécutées (on dit aussi qu'on ne fait aucun tour de boucle).

Là encore, si la condition qui régit la répétition ne devient jamais fausse, les instructions correspondantes sont répétées indéfiniment.

Attention à l'erreur usuelle qui consiste à vouloir répéter plusieurs instructions en omettant de les inclure dans un bloc. Par exemple, avec :

```
while (cap <= 2 * cap_ini)
    cap = cap * (1 + taux) ;
    printf ("capital un an plus tard : %12.2f\n", cap) ;
```

seule la première instruction serait concernée par la répétition ; l'affichage du capital ne se ferait donc qu'une seule fois, après qu'il aura doublé. Qui plus est, avec :

```
while (cap <= 2 * cap_ini)
    printf ("capital un an plus tard : %12.2f\n", cap) ;
    cap = cap * (1 + taux) ;
```

l'instruction *printf* sera répétée indéfiniment, la condition de poursuite restant toujours vraie.

2.3 Lien entre do… while et while

En fait, des deux structures de répétition conditionnelles que nous venons de présenter, une seule (n'importe laquelle) est indispensable. En effet, le canevas suivant dans lequel Instruction représente une instruction (au sens large) :

```
do Instruction while (condition) ;
```

est équivalent au suivant :

```
Instruction
while (condition) Instruction
```

De même, le canevas :

```
while (condition) Instruction
```

est équivalent au suivant :

```
do if (condition) Instruction
while (condition) ;
```

Remarques D'une manière générale, on démontre que tout programme peut s'écrire en ne faisant appel qu'à deux structures fondamentales : la structure de choix et une seule structure de répétition conditionnelle. La plupart des langages offrent d'avantage de structures, ceci afin de fournir des formulations mieux adaptées à un type de problème. L'exercice suivant vous en fournit une illustration.

En général, en programmation, on parle :

• de "répétition tant que" lorsque l'on examine une condition de poursuite en début de boucle ; c'est le cas de l'instruction *while* ;

• de "répétition jusqu'à" lorsque l'on examine une condition de terminaison en fin de boucle ; l'instruction *do... while* semble dans ce cas ; néanmoins, on y examine non pas une condition d'arrêt mais une condition de poursuite ; c'est pourquoi on y trouve encore le mot *while* (signifiant "tant que") et non le mot *until* (signifiant "jusqu'à").

Exercice V.3 Écrivez le programme exemple du paragraphe 1.1, en utilisant l'instruction *while* au lieu de l'instruction *do... while*.

3. Comment réaliser des boucles inconditionnelles

Comme nous l'avons dit, en C, l'instruction *for* permet de réaliser des répétitions inconditionnelles, c'est-à-dire dont le nombre de tours est déterminé. Nous l'étudierons dans le paragraphe 4 mais, auparavant, nous allons voir comment mettre en œuvre une répétition inconditionnelle à l'aide des instructions que nous avons rencontrées jusqu'ici. Cela nous amènera à vous parler de la notion de compteur.

3.1 La notion de compteur de boucle

Il est possible de compter les tours de boucle à l'aide d'une variable entière qu'on initialise à 0 et dont on augmente de un la valeur à chaque tour.

On peut ensuite utiliser ce compteur de deux façons différentes :

- soit simplement pour en exploiter la valeur, aussi bien au sein des intructions de la boucle qu'après la fin de la boucle ; nous parlerons d'"exploitation passive",

- soit pour limiter effectivement le nombre de tours de boucle en introduisant une condition de poursuite faisant intervenir le compteur ; nous parlerons d'"exploitation active".

Nous allons d'abord examiner la première situation, essentiellement dans le but de vous présenter la technique du comptage que nous appliquerons ensuite à la deuxième situation. Nous verrons alors comment cette dernière peut être aisément programmée avec une instruction *for*.

3.2 Comment introduire un compteur dans une boucle

a) *Premier exemple*

Considérons à nouveau le programme de calculs de carrés du paragraphe 1.1, en supposant que nous souhaitions indiquer à l'utilisateur combien de valeurs ont été traitées. Il nous suffit :

- de définir une variable entière servant de compteur que nous nommons ici *i*,

- de s'arranger pour que *i* ait la valeur 0 avant d'aborder la boucle,

- d'augmenter (on dit aussi "incrémenter") la valeur de *i* de une unité, à chaque parcours de la boucle, en plaçant, parmi les instructions de cette dernière (la place exacte n'ayant ici aucune importance), l'instruction :

```
i = i + 1 ;
```

Voici ce que pourrait être le programme voulu, accompagné d'un exemple d'exécution :

```
main ()
{
   int n ;          /* pour le nombre fourni par l'utilisateur */
   int i ;          /* compteur du nombre de valeurs traitées */
   i = 0 ;          /* initialisation du compteur à 0 */
   do
      { printf ("donnez un nombre entier : ") ;
        scanf ("%d", &n) ;
        printf ("voici son carré : %d\n", n*n) ;
        i = i + 1 ;          /* +1 sur le compteur */
      }
   while (n != 0) ;
   printf ("vous avez fourni %d valeurs (y compris le 0 de fin)", i) ;
}
```

```
donnez un nombre entier : 5
voici son carré : 25
donnez un nombre entier : 12
voici son carré : 144
donnez un nombre entier : 0
voici son carré : 0
vous avez fourni 3 valeurs (y compris le 0 de fin)
```

L'instruction :

```
        i = i + 1 ;
```

peut également s'écrire :

```
        i++ ;
```

Cependant, il s'agit là d'une particularité du langage C, sans équivalent dans les autres langages. C'est la raison pour laquelle nous n'en parlerons que dans le chapitre *Compléments 3*.

b) *Second exemple*

Dans le précédent programme, nous n'utilisions la valeur du compteur qu'après la fin de la boucle ; il est naturellement possible de l'exploiter également à l'intérieur de la boucle, comme dans cet exemple, dans lequel nous "numérotons" les valeurs demandées à l'utilisateur :

```
main ()
{
  int n ;              /* pour le nombre fourni par l'utilisateur */
  int i ;              /* compteur du nombre de valeurs traitées */
  i = 0 ;              /* initialisation du compteur à 0 */
  do
    { i = i + 1 ;      /* +1 sur le compteur - emplacement important */
      printf ("donnez un %d ème nombre entier : ", i) ;
      scanf ("%d", &n) ;
      printf ("voici son carré : %d\n", n*n) ;
    }
  while (n != 0) ;
  printf ("vous avez fourni %d valeurs (y compris le 0 de fin)", i) ;
}
```

```
donnez un 1 ème nombre entier : voici son carré : 25
donnez un 2 ème nombre entier : voici son carré : 144
donnez un 3 ème nombre entier : voici son carré : 0
vous avez fourni 3 valeurs (y compris le 0 de fin)
```

 Remarques   Ici, l'emplacement de l'instruction $i = i + 1$ est important puisque l'on utilise le compteur i dans la boucle. Notez cependant que d'autres constructions sont possibles, par exemple :

```
i = 1 ;                 /* initialisation du compteur à 1 */
do
  { printf ("donnez un %d ème nombre entier : ", i) ;
    scanf ("%d", &n) ;
    printf ("voici son carré : %d\n", n*n) ;
    i = i + 1 ;  /* +1 sur le compteur - emplacement important */
  }
while (n != 0) ;
```

Il vous arrivera d'ailleurs souvent d'avoir le choix entre l'initialisation à 0 ou à 1 d'un compteur…

Le premier message comporte l'indication 1 *ème* ; pour obtenir 1 *er*, il faudrait introduire, dans la boucle, un choix entre deux affichages, basé sur la condition $i == 1$.

Exercice V.4   Modifiez le programme de doublement de capital du paragraphe 1.3, de manière qu'il affiche, outre le capital obtenu chaque année, un numéro d'année, comme suit :

```
donnez le capital à placer et le taux : 10000 0.12
capital, à l'année 1 :      11200.00
capital, à l'année 2 :      12544.00
capital, à l'année 3 :      14049.28
capital, à l'année 4 :      15735.19
capital, à l'année 5 :      17623.42
capital, à l'année 6 :      19738.23
capital, à l'année 7 :      22106.82
```

Exercice V.5   Écrivez un programme qui lit une suite de caractères (terminée par une validation, donc par un caractère de fin de ligne) et qui affiche le nombre de caractères lus (fin de ligne non comprise).

3.3 Comment imposer un nombre de tours

Nos précédents exemples utilisaient un compteur de répétition de façon "passive". Mais il est facile d'exploiter "activement" le compteur pour imposer un nombre de répétitions et, donc, pour réaliser une structure de boucle inconditionnelle. En voici quelques exemples.

a) *Exemple 1*

Voici tout d'abord un programme qui affiche, au fur et à mesure, les carrés de 4 valeurs fournies par l'utilisateur. Il ressemble à celui du paragraphe 1.1, mais, cette fois, le nombre de valeurs à traiter (ici, 4) est imposé.

```
main ()
{
  int n ;               /* pour le nombre fourni par l'utilisateur */
  int i ;               /* compteur du nombre de valeurs traitées */
  i = 0 ;               /* initialisation du compteur à 0 */
  do
    { printf ("donnez un nombre entier : ") ;
      scanf ("%d", &n) ;
      printf ("voici son carré : %d\n", n*n) ;
      i = i + 1 ;     /* +1 sur le compteur */
    }
  while ( i < 4 ) ;  /* nouvelle condition d'arrêt */
}
```

```
donnez un nombre entier : 4
voici son carré : 16
donnez un nombre entier : 12
voici son carré : 144
donnez un nombre entier : 8
voici son carré : 64
donnez un nombre entier : 3
voici son carré : 9
```

 Remarques

Attention à ne pas indiquer *i <= 4* comme condition de poursuite de boucle ; on traiterait alors 5 valeurs !

Il serait possible ici d'initialiser différemment notre compteur de boucle, en modifiant la condition de poursuite, par exemple :

```
i = 1 ;
do

    .....
while (i < 5) ;          /* ou encore i <= 4 */
```

ou même, de façon totalement artificielle :

```
i = 3 ;
do
    .....
while (i < 7) ;        /* ou encore i <= 6 */
```

b) Exemple 2

L'exemple précédent utilisait une instruction *do... while*. Nous aurions tout aussi bien pu utiliser une instruction while :

```
main ()
{
  int n ;            /* pour le nombre fourni par l'utilisateur */
  int i ;            /* compteur du nombre de valeurs traitées */
  i = 0 ;            /* initialisation du compteur à 0 */
  while (i < 4)
    { printf ("donnez un nombre entier : ") ;
      scanf ("%d", &n) ;
      printf ("voici son carré : %d\n", n*n) ;
      i = i + 1 ;      /* +1 sur le compteur */
    }
}
```

c) Exemple 3

Voici une adaptation du précédent programme, de façon qu'il puisse traiter un nombre quelconque de valeurs, fourni préalablement par l'utilisateur.

```
main ()
{
  int nv ;           /* nombre de valeurs à traiter */
  int n ;            /* pour le nombre fourni par l'utilisateur */
  int i ;            /* compteur du nombre de valeurs traitées */
  printf ("combien de valeurs à traiter : ") ;
  scanf ("%d", &nv) ;
  i = 0 ;            /* initialisation du compteur à 0 */
  while (i < nv)
    { printf ("donnez un nombre entier : ") ;
      scanf ("%d", &n) ;
      printf ("voici son carré : %d\n", n*n) ;
      i = i + 1 ;   /* +1 sur le compteur */
    }
}
```

On notera que, dans les deux premiers exemples, le nombre de tours de boucle est connu lors de l'écriture du programme ; il n'en va plus de même dans le troisième exemple où il n'est connu qu'au moment de l'exécution (et il peut différer d'une exécution à la suivante).

Dans le dernier exemple, l'instruction *while* est mieux adaptée que l'instruction *do... while*, dans la mesure où elle permet de prendre facilement en compte le cas où l'utilisateur fournit 0 (ou même un nombre négatif) comme nombre de valeurs à traiter ; en effet, dans ce cas, on obtient 0 tour de boucle, tandis qu'avec une instruction *do... while*, on en obtiendrait quand même un.

Nous avons présenté la notion de compteur en vue de réaliser des boucles inconditionnelles ; mais il existe beaucoup d'autres circonstances dans lesquelles un compteur est utile, comme nous aurons l'occasion de le voir.

4. L'instruction for

4.1 Exemple d'introduction

Nous allons maintenant voir que, dès lors qu'on exploite un compteur de façon active pour imposer le nombre de tours d'une instruction *while*, il est possible de simplifier les choses en faisant appel à l'instruction *for*. Reprenons l'exemple 2 du paragraphe précédent, dans lequel apparaissait ce "canevas" :

```
i = 0 ;              /* initialisation du compteur à 0 */
while (i < 4)        /* condition de poursuite : i < 4 */
   { ......          /* instructions à répéter */
     i = i + 1 ;     /* +1 sur le compteur */
   }
```

En fait, il peut être avantageusement simplifié en utilisant ainsi l'instruction *for* :

```
for (i=0 ; i<4 ; i=i+1)
   { .....
   }
```

Voici ce que deviendrait notre programme complet :

```
main ()
{
  int n ;            /* pour le nombre fourni par l'utilisateur */
  int i ;            /* compteur du nombre de valeurs traitées */
```

```
    for ( i=0 ; i<4 ; i=i+1 ) /* pour répéter 4 fois le bloc qui suit */
      { printf ("donnez un nombre entier : ") ;
        scanf ("%d", &n) ;
        printf ("voici son carré : %d\n", n*n) ;
      }
  }
```

Remarque Ici, encore, nous obtiendrions le même résultat en remplaçant notre instruction *for* par l'une des suivantes (seul le nombre de tours ayant de l'importance ici, la valeur du compteur n'étant pas utilisée en tant que telle) :

```
for (i=1 ;  i<5 ;  i=i+1) ...
for (i=1 ;  i<=4 ; i=i+1) ...
for (i=10 ; i<14 ; i=i+1) ...
```

4.2 Syntaxe de l'instruction for

> **L'instruction *for***
>
> *for (avant ; condition ; fin_de_tour)*
>   *instruction*

Où :

- *avant* est une instruction simple (sans point-virgule) qui sera exécutée avant le premier tour de boucle,

- *condition* est la condition de poursuite de la boucle, examinée avant chaque tour de boucle, y compris le premier,

- *fin_de_tour* est une instruction simple (sans point-virgule) qui sera exécutée à la fin de chaque tour de boucle,

- *instruction* est une instruction quelconque (au sens large).

Cette instruction est rigoureusement équivalente au canevas :

```
avant ;
while (condition)
{ instruction
  fin_de_tour ;
}
```

Remarques De par sa nature même, *for* ne permet pas de remplacer une instruction *do... while*.

Nous vous avons présenté l'instruction *for* à partir d'exemples de répétitions inconditionnelles, car elle est particulièrement adaptée à ces situations dont elle permet de simplifier la programmation. Néanmoins, comme le montre sa syntaxe, cette instruction a un caractère beaucoup plus général puisqu'en effet :

- l'instruction notée avant peut être autre chose qu'une initialisation de compteur,

- l'instruction notée *fin_de_boucle* peut être autre chose qu'une incrémentation de compteur,

- la notion de compteur ne fait même pas partie de l'instruction.

Qui plus est, comme nous le verrons dans le chapitre *Compléments 3*, la généralité de la notion d'expression en C étoffera encore un peu ces diverses possibilités. Ainsi pourrait-on dire qu'en langage C l'instruction *for* n'est qu'une forme "déguisée" de répétition conditionnelle.

Lorsque, comme nous le ferons dans cet ouvrage, on utilise l'instruction *for* de façon classique (c'est-à-dire pour réaliser une répétition inconditionnelle), comme dans :

```
for (i=0 ; i<4 ; i=i+1 )
```

il est préférable de ne pas modifier la valeur de *i* dans l'instruction régie par la boucle. En effet, on risquerait alors d'induire en erreur un éventuel lecteur du programme (y compris vous-même !) qui, au vu de cette instruction, s'attend à 4 tours de boucle. Qui plus est, imaginez ce qui se produirait si, dans ces instructions, apparaissait :

```
i = i - 1 ;
```

La valeur de *i* serait diminuée de 1, puis augmentée de 1 à chaque tour de boucle. L'instruction régie par la boucle serait ainsi répétée indéfiniment.

4.3 Exemple d'utilisation de l'instruction for

Voici à nouveau un programme qui affiche les carrés de valeurs fournies par l'utisateur mais, cette fois, le nombre de valeurs à traiter est fourni préalablement par l'utilisateur lui-même.

```
main()
{ int nv ;            /* nombre de valeurs à traiter */
  int n ;             /* pour le nombre fourni par l'utilisateur */
  int i ;             /* compteur du nombre de valeurs traitées */
  printf ("combien de valeurs à traiter : ") ;
  scanf ("%d", &nv) ;
  for ( i=0 ; i<nv ; i=i+1 )
    { printf ("donnez un %d ème nombre : ", i+1) ;
      scanf ("%d", &n) ;
      printf ("voici son carré : %d\n", n*n) ;
    }
}
```

```
combien de valeurs à traiter : 2
donnez un 1 ème nombre :
voici son carré : 25
donnez un 2 ème nombre : 8
voici son carré : 64
```

Notez bien qu'il faut faire afficher la valeur de $i + 1$ et non celle de i, puisque l'instruction $i = i + 1$ n'est exécutée qu'en fin de tour. On pourrait également procéder ainsi (en n'omettant pas de modifier la condition de poursuite $i < nv$ en $i <= nv$) :

```
for ( i=1 ; i<=nv ; i=i+1 ) /* attention i <= nv cette fois */
  { printf ("donnez un %d ème nombre : ", i) ;
    scanf ("%d", &n) ;
    printf ("voici son carré : %d\n", n*n) ;
  }
```

Exercice V.6   Écrivez un programme qui affiche un nombre donné n d'entiers consécutifs, à partir d'une valeur donnée p, les valeurs notées ici n et p étant lues en données :

```
valeur initiale et nombre de valeurs : 48 4
48
49
50
51
```

Résumé

En langage C, il existe deux instructions permettant de réaliser des répétitions (ou boucles) conditionnelles :

■ une instruction dans laquelle la condition de poursuite est examinée à la fin de chaque tour :

```
do instruction while (condition) ;
```

on y réalise toujours au moins un tour de boucle ;

■ une instruction dans laquelle la condition de poursuite est examinée avant chaque tour :

```
while (condition) instruction
```

Pour compter les tours de boucle, il suffit d'employer une variable entière, qu'on appelle un compteur, en :

■ initialisant ce compteur à 0, avant d'entamer la boucle,

■ incrémentant (augmentant) de 1 ce compteur, à l'intérieur de la boucle, à l'aide d'une instruction telle que (si i est ce compteur) :

```
i = i + 1 ;
```

En associant un compteur à une instruction *while* (ou, éventuellement, *do... while*), et en faisant porter la condition de poursuite sur la valeur de ce compteur, on peut réaliser une répétition inconditionnelle, c'est-à-dire une répétition dans laquelle le nombre de tours est fixé avant d'entamer la boucle ; voici un canevas possible :

```
i = 0 ;
while (i<n)
{ .....                 /* suite des instructions à répéter */
  i = i + 1 ;
}
```

L'instruction *for* permet d'écrire une répétition inconditionnelle plus facilement qu'avec une instruction *while*. Le canevas suivant est équivalent au précédent :

```
for (i=0 ; i<n ; i=i+1)
   { .....     b          /* suite des instructions à répéter */
   }
```

Chapitre 6

Quelques techniques usuelles : comptage, accumulation, recherche de maximum, répétitions imbriquées

Dans la réalisation de programmes, certaines techniques sont d'un usage fréquent. Nous avons déjà rencontré l'utilisation d'un compteur de boucle. Dans ce chapitre, nous vous proposons d'examiner les techniques les plus usuelles que sont le comptage (d'une manière générale), l'accumulation, la recherche de maximum.

Par ailleurs, nous examinerons plus en détail les diverses situations de "boucles imbriquées".

1. Le comptage d'une manière générale

Nous avons déjà appris à utiliser un compteur de répétition (sous forme passive, active ou les deux). En fait, en programmation, on peut être amené à effectuer d'autres dénombrements que des tours de boucle : nombre de caractères d'un mot, nombre de voyelles trouvées dans un mot… D'une façon générale, on parle de comptage pour qualifier ces différentes activités ; ce comptage peut être systématique (on compte tout ce qui se présente : lettre, tour de boucle) ou sélectif (on ne compte que ce qui correspond à un certain critère : voyelle d'un mot).

Dans tous les cas, on fait appel, comme précédemment, à un compteur, c'est-à-dire à une variable entière, pour comptabiliser les événements souhaités, à l'aide d'une banale affectation de la forme $n = n + 1$ (n désignant ici le compteur).

Nous allons voir quelques exemples de programmes faisant appel à un ou plusieurs compteurs, systématiques ou sélectifs.

1.1 Compter le nombre de lettres e d'une "ligne"

Voici un programme qui lit une ligne de texte, c'est-à-dire une suite de caractères terminée par une validation (fin de ligne \n) et qui comptabilise le nombre de lettres e qu'elle contient. Il nous suffit d'y prévoir un compteur dont la valeur augmente de 1 à chaque fois qu'on rencontre un e.

```
main()
{ int n_e ;                   /* compteur du nombre de caractères e */
  char c ;                    /* pour lire un caractère de la ligne */
  printf ("donnez une ligne de texte quelconque :\n") ;
  n_e = 0 ;
  do
    { scanf ("%c", &c) ;                  /* lecture d'un caractère */
      if (c == 'e') n_e = n_e + 1 ;   /* si e +1 sur compteur de e */
    }
  while (c != '\n') ;                       /* jusqu'à fin de ligne */
  printf ("votre ligne comporte %d caractères e", n_e) ;
}
```

```
donnez une ligne de texte quelconque :
je me figure ce zouave qui joue du xylophone en buvant du whisky
votre ligne comporte 8 caractères e
```

1.2 Compter le pourcentage de lettres e d'une "ligne"

Il faut, cette fois, utiliser à la fois un compteur systématique pour connaître le nombre total de lettres et un compteur sélectif pour le nombre de e.

```
main()
{ int n_e ;        /* compteur du nombre de caractères e */
  int n_car ;    /* compteur du nombre de caractères de la ligne */
  char c ;         /* pour lire un caractère de la ligne */
  float pourcent ;        /* pourcentage de lettres e */
  printf ("donnez une ligne de texte quelconque :\n") ;
  n_e = 0 ;
  n_car = 0 ;
  do
   { scanf ("%c", &c) ;                 /* lecture d'un caractère */
     n_car = n_car + 1 ;
     if (c == 'e') n_e = n_e + 1 ;   /* si e +1 sur compteur de e */
   }
  while (c != '\n') ;        /* jusqu'à fin de ligne */
  n_car = n_car - 1 ;        /* car fin de ligne comptée en trop */
  if (n_e == 0) printf ("votre ligne ne comporte pas de e ") ;
    else { pourcent = (100.0 * n_e) / n_car ;
            printf ("il y a %6.2f pour cent de e", pourcent) ;
         }
}
```

```
donnez une ligne de texte quelconque :
je me figure ce zouave qui joue du xylophone en buvant du whisky
il y a 12.50 pour cent de e
```

Remarques Dans le calcul du pourcentage, il faut éviter d'écrire :

```
pourcent = n_e / n_car * 100.0 ;
```

En effet, dans ce cas, il y aurait tout d'abord division entière de *n_e* par *n_car*, ce qui fournirait comme résultat 0 (sauf si *n_e* est égal à *n_car*, auquel cas, on obtiendrait 1) ; ce n'est qu'ensuite que ce résultat serait converti en flottant, conduisant à une valeur de pourcent égale à 0 ou 100 !

Il est possible de demander d'afficher le caractère %, en utilisant un code de format spécial noté simplement %% ; il nous suffirait donc de remplacer notre instruction d'écriture par :

```
printf ("il y a %6.2f%% de e", pourcent) ;
```

pour obtenir cet affichage :

```
il y a 12.50% de e
```

VI.1 Écrivez un programme qui lit 20 notes entières et qui indique le pourcentage de notes supérieures à 10.

2. L'accumulation

Nous savons compter un nombre d'événements. Dans le langage courant, le mot "compter" a parfois un sens plus général comme dans compter sa monnaie. Dans ce cas, on calcule en fait la somme de plusieurs nombres (les valeurs indiquées sur les pièces). En programmation, nous nommerons cette situation accumulation, pour la distinguer du comptage déjà rencontré. Nous verrons que ce terme se justifie par la méthode employée pour obtenir le résultat.

2.1 Accumulation systématique

a) Un premier exemple

Pour introduire cette technique d'accumulation, nous allons commencer par un exemple simple : calculer la somme de 100 valeurs entières fournies au clavier. Comme on peut s'en douter, il ne serait pas judicieux d'utiliser 100 variables différentes (nommées, par exemple, *val1, val2, val3*…) puis d'en calculer la somme par une expression usuelle *val1 + val2 + val3*… Qui plus est, la démarche ne serait pas généralisable à un nombre quelconque de valeurs.

Nous allons donc utiliser une technique d'accumulation, à savoir :

* définir une variable somme, destinée à effectuer progressivement la somme de nos valeurs ; cette variable sera initialisée à zéro.

* utiliser une répétition définie (ici, 100 tours), dans laquelle, à chaque tour de boucle, nous lirons une valeur (et une seule) dans une variable nommée, par exemple, *val*. Cette valeur sera cumulée à la valeur de somme par l'affectation :

```
somme = somme + val ;
```

Voici notre programme complet :

```
main()
{ int val ;       /* pour les différentes valeurs fournies */
  int i ;         /* pour compter le nombre de valeurs fournies */
  int somme ;     /* pour accumuler la somme des valeurs */
  somme = 0 ;     /* initialisation de l'accumulateur des valeurs */
  for ( i=1 ; i<=100 ; i=i+1 )
    { printf ("donnez un entier : ") ;
      scanf ("%d", &val) ;
      somme = somme + val ;
    }
  printf ("somme des valeurs fournies : %d", somme) ;
}
```

```
donnez un entier : 4
donnez un entier : 7
donnez un entier : 11
    .....
donnez un entier : 3
somme des valeurs fournies : 487
```

 N'oubliez pas l'initialisation *somme=0*, sinon la valeur de somme sera imprévisible.

b) Un second exemple

Voici un programme qui calcule la moyenne d'un nombre quelconque de valeurs flottantes, fournies en données. On fait l'hypothèse qu'aucune de ces valeurs ne peut être nulle et que l'utilisateur introduira la valeur 0 pour signaler qu'il n'a plus de valeurs à fournir.

Ici, il faut accumuler les différentes valeurs, à l'intérieur d'une boucle conditionnelle. En plus, il est nécessaire de connaître le nombre de valeurs lues, d'où l'emploi d'un compteur de boucle.

Par ailleurs, il faut remarquer :

- que la valeur 0 servant de signal de fin ne doit pas intervenir dans le nombre de valeurs,

- qu'il est souhaitable d'éviter un risque de division par zéro, autrement dit de traiter distinctement le cas où l'utilisateur n'a fourni aucune valeur (autre que le 0 de fin).

Voici le programme correspondant, accompagné de deux exemples d'exécution :

```
main()
{ float val ;    /* pour les différentes valeurs fournies */
  int nval ;     /* pour compter le nombre de valeurs fournies */
  float somme ; /* pour accumuler la somme des valeurs */
  somme = 0 ;    /* initialisation de l'accumulateur des valeurs */
  nval = 0 ;     /* initialisation du nombre de valeurs fournies */
  do
    { printf ("donnez une valeur (0 pour terminer) : ") ;
      scanf ("%e", &val) ;
      somme = somme + val ;
      nval = nval + 1 ;
    }
  while (val != 0) ; /* on s'arrête quand l'utilisateur fournit 0 */
  if (nval <= 1) printf ("aucune valeur - pas de moyenne") ;
          else printf ("moyenne des %d valeurs : %e",
                        nval-1, somme / (nval-1) ) ;
}
```

```
donnez une valeur (0 pour terminer) : 4.6
donnez une valeur (0 pour terminer) : 5
donnez une valeur (0 pour terminer) : 10
donnez une valeur (0 pour terminer) : 4.4
donnez une valeur (0 pour terminer) : 0
moyenne des 4 valeurs : 6.250000e+00
```

```
donnez une valeur (0 pour terminer) : 0
aucune valeur - pas de moyenne
```

2.2 Accumulation sélective

Voici un programme qui lit un nombre quelconque de valeurs entières en déterminant la somme des valeurs positives et la somme des valeurs négatives. Ici, encore, on fait l'hypothèse qu'aucune de ces valeurs ne peut être nulle et que l'utilisateur introduira la valeur 0 pour signaler qu'il n'a plus de valeurs à fournir.

```
main()
{ int val ;
  int  somme_pos,   /* pour accumuler la somme des val positives */
       somme_neg ;   /* pour accumuler la somme des val négatives */
  somme_pos = 0 ;   /* initialisation somme des valeurs positives */
  somme_neg = 0 ;   /* initialisation somme des valeurs négatives */
  do
    { printf ("donnez un entier : ") ;
      scanf ("%d", &val) ;
      if (val > 0) somme_pos = somme_pos + val ;
             else somme_neg = somme_neg + val ;
    }
  while (val != 0) ;     /* arrêt sur valeur nulle */
  printf ("somme des valeurs positives : %d\n", somme_pos) ;
  printf ("somme des valeurs négatives : %d\n", somme_neg) ;
}
```

```
donnez un entier : 4
donnez un entier : -8
donnez un entier : 3
donnez un entier : 0
somme des valeurs positives : 7
somme des valeurs négatives : -8
```

Remarque Ici, le 0 de fin est ajouté à *somme_neg*, mais il ne modifie pas sa valeur. En revanche, il faudrait prendre quelques précautions si l'on s'intéressait au nombre de valeurs négatives ou à leur moyenne.

Exercice VI.2 Adaptez le programme précédent, de manière qu'il fournisse la moyenne des valeurs positives et la moyenne des valeurs négatives. On se protégera contre le risque de division par zéro.

3. Recherche de maximum

Nous allons vous présenter cette technique sur le problème suivant : déterminer la valeur maximale de 50 valeurs entières lues au clavier.

Par analogie avec la technique de l'accumulation, on peut songer à lire nos valeurs à l'intérieur d'une boucle, en employant toujours la même variable (par exemple *val*) et à utiliser une variable nommée par exemple *max* qui contiendra la valeur la plus grande rencontrée jusqu'alors. Dans ces conditions, on voit que pour chaque nouvelle valeur lue, il suffira de procéder ainsi :

```
if (val > max) max = val ;
```

Mais comment initialiser la valeur de *max* ? La valeur 0 ne convient pas nécessairement car rien ne nous dit que, dans les 50 valeurs à lire, il y en aura au moins une positive. La seule solution universelle consiste en fait à affecter à max la première valeur lue. Il faut donc traiter différemment cette première valeur des suivantes.

Voici ce que pourrait être notre programme :

```
main()
{ int val ;
  int max ;                    /* pour la plus grande valeur */
  int i ;                      /* compteur de boucle */
  scanf ("%d", &val) ;         /* la première valeur sert de maximum
                                  provisoire */
  max = val ;
  for (i=2 ; i<=50 ; i=i+1)  /* attention, on commence ici à i=2 */
    { scanf ("%d", &val) ;
      if (val > max) max = val ;
    }
  printf ("le maximum de vos 50 valeurs est %d", max) ;
}
```

Remarque Si l'on souhaitait adapter notre programme à un nombre de valeurs différent de 50, il faudrait penser à modifier cette valeur en deux endroits. Pour éviter cette difficulté, on pourrait modifier ainsi notre programme :

```
int nb_val = 50 ;
.....
for (i=2 ; i<=nb_val ; i=i+1)
.....
printf ("le maximum de vos %d valeurs est %d", nb_val, max) ;
```

Pour modifier le nombre de valeurs, il suffirait alors de remplacer la valeur attribuée à *nb_val* lors de sa déclaration.

Nous verrons, dans le paragraphe 7 du chapitre suivant, qu'il existe une autre démarche plus pratique qui consiste à utiser une "définition de symbole" grâce à l'instruction #define.

 VI.3   Écrivez un programme qui lit un nombre quelconques de valeurs entières non nulles suivies, conventionnellement, d'une valeur nulle, et qui fournit la plus grande valeur des valeurs positives et la plus petite des valeurs négatives. Notez bien qu'ici il n'est plus possible de choisir la première valeur comme maximum temporaire (ou comme minimum temporaire..) ; en revanche, compte tenu de la nature du problème, la valeur 0 convient dans les deux cas…

4. Imbrication de répétitions

Nous avons déjà vu que toute instruction structurée peut être imbriquée dans une autre instruction structurée et nous avons déjà rencontré l'exemple d'un choix imbriqué dans un choix ou d'un choix imbriqué dans une répétition. Nous allons examiner ici des situations d'imbrications de répétitions.

4.1 Exemple de boucle conditionnelle imbriquée dans une boucle inconditionnelle

On souhaite écrire un programme qui calcule les moyennes de 25 élèves. Pour chaque élève, le programme lira ses notes (nombres flottants) qui pourront être en nombre quelconque ; on conviendra que l'utilisateur fournira une valeur négative pour signaler qu'il n'y a plus de notes pour un élève. Commençons tout d'abord par un exemple d'exécution du programme souhaité :

```
notes de l'élève num 1 (-1 pour finir)
12 15 9 -1
moyenne des 3 notes : 12.00
notes de l'élève num 2 (-1 pour finir)
    .....
notes de l'élève num 25 (-1 pour finir)
10 -1
moyenne des 1 notes : 10.00
```

Compte tenu de la complexité du programme, nous pouvons chercher, dans un premier temps, à écrire les seules instructions de calcul de la moyenne d'un élève, en supposant que son "numéro" figure dans une variable nommée *i* :

```
printf ("notes de l\'élève num %d (-1 pour finir)\n", i) ;
somme = 0 ;
nb = 0 ;
do
  { scanf ("%f", &note) ;
    if (note >= 0)  { somme = somme + note ;
                      nb = nb + 1 ;
       }
  }
while (note >=0) ;
if (nb > 0) printf ("moyenne des %d notes : %7.2f\n",nb ,somme/nb) ;
```

Pour obtenir le programme désiré, il nous suffit maintenant de répéter les instructions précédentes, en utilisant la variable *i* comme compteur, variant de 1 à 25. Voici le programme complet :

```
main()
{ int i ;         /* compteur de répétition pour les 25 élèves */
  float note ;    /* pour une note quelconque */
  float somme ;   /* pour la somme des notes d'un élève quelconque */
  int nb ;        /* pour le nombre de notes d'un élève quelconque */
  for (i=1 ; i<=25 ; i=i+1)
    { printf ("notes de l\'élève num %d (-1 pour finir)\n", i) ;
      somme = 0 ;
      nb = 0 ;
      do
          { scanf ("%f", &note) ;
            if (note >= 0)   { somme = somme + note ;
                               nb = nb + 1 ;
                }
          }
      while (note >=0) ;
      if (nb > 0) printf ("moyenne des %d notes : %7.2f\n",
                       nb,somme/nb) ;
    }
}
```

Remarque Faites bien attention à la place des deux initialisations *somme=0* et *nb=0*. Elles doivent figurer dans la boucle conditionnelle gouvernée par le compteur *i* et avant la boucle inconditionnelle de prise en compte des différentes notes.

4.2 Exemple de boucle inconditionnelle imbriquée dans une autre boucle inconditionnelle

On souhaite écrire un programme qui nous affiche les tables de multiplication des nombres de 1 à 9. Chaque table se présentera comme suit :

```
TABLE DES 4
 4 X 1 = 4
 4 X 2 = 8
 4 X 3 = 12
 4 X 4 = 16
 4 X 5 = 20
 4 X 6 = 24
 4 X 7 = 28
 4 X 8 = 32
 4 X 9 = 36
 4 X 10 = 40
```

Ici encore, plutôt que d'essayer d'écrire directement le détail du programme, il peut être préférable de procéder par étape. Par exemple, nous pouvons dire que, "globalement", notre programme doit écrire les 9 tables de multiplication de 1 à 9 et que, donc, il doit se présenter ainsi :

```
for (i=1 ; i<=9 ; i=i+1)
    /* écrire la table numéro i */
```

Le contenu de l'instruction *for* reste à préciser et, pour l'instant, nous l'avons simplement mentionné sous la forme d'un commentaire. Pour écrire la table de numéro *i*, nous pouvons procéder ainsi :

```
printf ("TABLE des %d\n", i) ;
for (j=1 ; j<=10 ; j=j+1)
    /* écrire la ligne j de la table i */
```

D'où une "ébauche" plus élaborée de notre programme :

```
for (i=1 ; i<=9 ; i=i+1)
 { printf ("TABLE des %d\n", i) ;
   for (j=1 ; j<=10 ; j=j+1)
      /* écrire la ligne j de la table i */
 }
```

Il ne nous reste plus qu'à préciser comment écrire la ligne *j* de la table *i*, ce qui peut se faire ainsi :

```
prod = i * j ;
printf ("%2d x %2d = %2d\n", i, j, prod) ;
```

En ajoutant les déclarations nécessaires, nous aboutissons au programme complet :

```
main()
{ int i, j, prod ;
  for (i=1 ; i<=9 ; i=i+1)
    { printf ("TABLE des %d\n", i) ;
      for (j=1 ; j<=10 ; j=j+1)
      { prod = i * j ;
        printf ("%2d x %2d = %2d\n", i, j, prod) ;
      }
    }
}
```

Remarque

Les démarches utilisées dans cet exemple et le précédent sont assez différentes. Ici, nous avons utilisé ce que l'on nomme une *démarche descendante* : elle consiste à décomposer le problème posé en sous-problèmes plus faciles à résoudre, puis à décomposer à son tour chaque sous-problème… et ceci jusqu'à ce que l'on arrive à une solution entièrement formulée. Dans l'exercice précédent, en revanche, nous avions plutôt utilisé une démarche opposée qu'on nomme *démarche ascendante*. En pratique, la réalisation d'un programme combine souvent les deux démarches.

Exercice VI.4 Que se passe-t-il si, dans le programme précédent, on oublie les { } du premier *for* en écrivant :

```
main()
{ int i, j, prod ;
  for (i=1 ; i<=9 ; i=i+1)
      printf ("TABLE des %d\n", i) ;
      for (j=1 ; j<=10 ; j=j+1)
      { prod = i * j ;
              printf ("%2d x %2d = %2d\n", i, j, prod) ;
      }
}
```

Exercice VI.5 Écrivez un programme qui affiche une "diagonale" d'astérisques dont le nombre est fourni par l'utilisateur :

```
combien d'astérisques dans votre diagonale : 5
*
  *
    *
      *
        *
```

4.3 Une erreur à ne pas commettre

Lorsque l'on imbrique des instructions *for*, il faut veiller à ne pas utiliser le même compteur pour chacune des instructions. Par exemple, supposez que, par mégarde, nous utilisions le même compteur pour nos deux instructions *for* imbriquées du précédent exemple, en écrivant (nous ne nous intéressons pas ici au contenu détaillé des différentes boucles) :

```
for (i=1 ; i<=9 ; i=i+1)
  { .....                          /* instructions niveau 1 */
    for (i=1 ; i<=10 ; i=i+1)
    { .....                        /* instructions niveau 2 */
    }
  }
```

Tout d'abord, il faut savoir que la nature très générale de l'instruction *for* fait qu'aucune erreur ne sera signalée par le compilateur (dans un langage disposant de "vraies boucles inconditionnelles", le compilateur détecterait l'utilisation du même compteur !). Dans ces conditions, ce n'est qu'à l'exécution que l'on découvrira le comportement assez curieux du programme. Pour le comprendre, il suffit, en fait, de remplacer les instructions *for* par leur équivalent avec *while* :

```
i=1 ;                  /* initialisation du premier for */
while (i<=9)           /* condition de poursuite du premier for */
  { .....              /* instructions niveau 1 */
    i = 1 ;            /* initialisation du second for */
    while (i<=10)      /* condition de poursuite second for */
    { .....            /* instructions niveau 2 */
     i = i + 1 ;       /* incrémentation second for */
    }
    i = i + 1 ;        /* incrémentation premier for */
  }
```

On voit clairement qu'à la fin du premier tour de la boucle interne *i* vaut 10 ; on procède à son incrémentation après la fin du premier tour de la boucle externe et il prendra donc la valeur 11. Comme cette valeur est supérieure à 9, il y aura arrêt de la boucle externe qui n'aura ainsi été parcourue qu'une seule fois.

Bien entendu, si le nombre de tours prévus pour la boucle interne était inférieur à celui prévu pour la boucle externe (par exemple, si l'on inversait les valeurs 9 et 10), le comportement serait différent : on répéterait indéfiniment la boucle interne.

Notez qu'ici nous nous sommes limités à l'erreur de programmation la plus classique qui consiste à utiliser deux fois le même compteur dans des boucles imbriquées ; mais tout cela pourrait se conjuguer avec une autre erreur de programmation qui consiste à modifier la valeur du compteur au sein de l'une des boucles (erreur qui, elle non plus, en langage C, n'est pas détectable par le compilateur !).

Remarque Ne confondez pas l'utilisation (anormale) du même compteur au sein de deux boucles imbriquées avec l'utilisation (normale) du même compteur dans deux boucles consécutives, comme dans :

```
for (i=0 ; i<10 ; i=i+1)
   { .....                    /* premier for : 10 tours */
   }
for (i=0 ; i<5 ; i=i+1)
   { .....                    /* second for : 5 tours */
   }
```

Nous en rencontrerons des exemples dans les prochains chapitres.

5. L'itération

Certaines des techniques que nous avons rencontrées (comptage, accumulation, évolution de capital) ont un point commun : elles répètent des instructions parmi lesquelles se trouve une affectation de la forme :

```
S = f(S) ;
```

dans laquelle *f(S)* désigne une expression qui fait intervenir la variable *S*. On dit qu'on a affaire à une itération.

Voici un autre exemple d'itération à savoir le calcul de la factorielle d'un nombre entier positif. Rappelons que si n est un entier positif, sa factorielle notée n! est définie par :

```
n! = 1 x 2 x 3... x (n - 1) x n
```

```
main()
{ int n ;        /* nombre dont on cherche la factorielle */
  int fac ;      /* pour la factorielle de n */
  int i ;
  printf ("donnez un entier positif : ") ;
  scanf ("%d", &n) ;
  fac = 1 ;
  for (i=2 ; i<=n ; i=i+1)/* on commence à 2, mais on va jusqu'à n */
    fac = fac * i ;
  printf ("%d a pour factorielle : %d", n, fac) ;
}
```

```
donnez un entier positif : 6
6 a pour factorielle : 720
```

Plus généralement, on parle d'itération dès lors qu'à l'intérieur d'une répétition, les valeurs d'une ou de plusieurs variables évoluent d'une manière qui dépend de leurs valeurs courantes. On progresse ainsi d'un état initial (valeurs des variables avant l'entrée dans la répétition) vers un état final (valeurs des variables après la fin des répétitions), en passant par une succession d'états intermédiaires.

La recherche d'un maximum correspondait à cette définition plus générale de l'itération. En voici un autre exemple, à savoir le calcul du P.G.C.D. de deux entiers par l'algorithme d'Euclide. Rappelons que si a et b sont deux entiers positifs, on a :

```
PGCD (a, b) = PGCD (a, a mod b)
```

ou $a \bmod b$ désigne le reste de la division entière (euclidienne) de a par b.

L'algorithme d'Euclide consiste à répéter les étapes suivantes :

- calculer r, reste de la division de a par b,

- remplacer a par b et b par r,

jusqu'à ce que r soit nul. Alors, le P.G.C.D. cherché est l'actuelle valeur de a.

Voici le programme correspondant (rappelons que l'opérateur / correspond à la division entière et que l'opérateur % correspond à l'opération "modulo") :

```
main()
{ int a, b,                      /* on cherche le P.G.C.D. de a et b */
      r ;                        /* pour le reste de division */
   printf ("donnez deux entiers positifs : ") ;
   scanf ("%d%d", &a, &b) ;   /* on ne vérifie pas que a et b sont
                                   positifs */
   do
      { r = a % b ;
        a = b ;
        b = r ;
      }
   while (r != 0) ;
   printf ("leur P.G.C.D. est : %d", a) ;
}
```

```
donnez deux entiers positifs : 48 60
leur P.G.C.D. est : 12
```

D'une manière générale, la mise en œuvre d'une itération nécessite de "deviner" les bonnes instructions permettant de progresser d'un état intermédiaire au suivant, le bon état initial et le bon test d'arrêt. La difficulté peut être très variable suivant la nature du problème à résoudre.

Chapitre 7

Les tableaux

Les variables que nous avons utilisées jusqu'ici étaient ce que l'on nomme des variables scalaires (ou simples) : à un instant donné, une variable de ce type contenait une seule valeur.

Comme nous l'avons dit dans le premier chapitre, la notion de structure de données permet à un langage évolué de manipuler des variables plus élaborées permettant de donner un nom, non plus à une seule valeur, mais à un ensemble de valeurs. La structure de données la plus répandue, et présente dans tous les langages, est le tableau. Nous verrons qu'on distingue :

- le tableau à une dimension (on dit aussi "à un indice") : il s'agit alors d'une liste ordonnée de valeurs de même type, désignée par un nom unique, chaque valeur de la liste étant repérée par un "numéro d'ordre" qu'on nomme indice ; le tableau à une dimension s'apparente, en fait, à la notion mathématique de vecteur ;

- le tableau à deux dimensions (à "deux indices") : il est plus proche que le précédent de l'idée usuelle que l'on se fait du mot "tableau", à savoir un ensemble de lignes et de colonnes ; cette fois, chaque valeur du tableau est repérée par deux indices ;

- le tableau à plus de deux dimensions ; il ne s'agit en fait que d'une généralisation du cas précédent.

Nous allons tout naturellement commencer par étudier en détail les tableaux à une dimension, après vous avoir montré en quoi la notion de tableau pouvait s'avérer presque indispensable dans la réalisation d'un programme.

1. La notion de tableau à une dimension

1.1 Quand la notion de variable s'avère insuffisante

Supposez que nous souhaitions écrire un programme qui lit 5 valeurs avant d'en afficher les différents carrés, le "dialogue avec l'utilisateur" se présentant de cette façon :

```
donnez 5 nombres entiers :
11 9 14 25 63
NOMBRE  CARRE
   11    121
    9     81
   14    196
   25    625
   63   3969
```

Vous voyez que le programme doit absolument conserver les cinq valeurs fournies avant de commencer à écrire les résultats correspondant à la première. Dans ces conditions, il n'est plus possible d'utiliser une seule variable à laquelle on affecterait successivement chacune des différentes valeurs entrées (démarche qui conviendrait, cependant, s'il ne s'agissait que d'en calculer la somme !).

Certes, direz-vous, nous pouvons toujours utiliser autant de variables différentes qu'il y a de valeurs à lire, par exemple, ici : A, B, C, D et E ou encore V1, V2, V3, V4 et V5. Cette démarche présenterait cependant de nombreux inconvénients :

- il faudrait trouver un nom de variable pour chaque valeur ; passe encore avec 5 valeurs, mais cela risquerait de devenir fastidieux avec 100 ou 1000 valeurs !

- il n'existerait aucun lien entre ces différentes variables ; notamment, il nous faudrait introduire autant d'instructions de lecture différentes qu'il y a de valeurs à lire ; il en va de même pour l'écriture des résultats.

1.2 La solution : le tableau

En C, comme dans la plupart des langages, nous allons pouvoir utiliser un tableau (ici, à une dimension), c'est-à-dire :

- attribuer un seul nom à l'ensemble de nos 5 valeurs, par exemple nombres,

- repérer chaque valeur par ce nom suivi, entre crochets ([...]), d'une valeur entière comprise entre 0 et 4 qu'on nomme un indice ; attention, en langage C, la première valeur d'un indice est 0 et non 1.

Ainsi, *nombres* [0] désigne la première valeur du tableau *nombres*, *nombres* [2] désigne la troisième, *nombres* [4] la cinquième... Plus généralement, si *i* est une variable numérique de type *int*, dont la valeur est comprise entre 0 et 4, nous pourrons parler de *nombres* [*i*].

Voici un schéma illustrant ce que nous venons de dire :

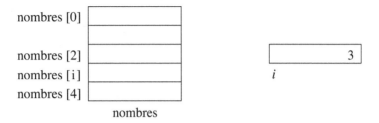

Bien entendu, cette représentation "verticale" est tout à fait arbitraire. Nous aurions tout aussi bien pu faire ce schéma :

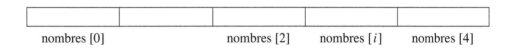

D'une manière générale, en langage C, un indice peut être n'importe quelle expression arithmétique entière (et non simplement une variable ou une constante comme dans nos exemples). Ainsi, les notations suivantes désignent des éléments du tableau nombres (i et j étant supposées entières) :

```
        nombres [ i + 2]          nombres [2 * i + j ]
```

à condition cependant que les valeurs des expressions mentionnées en indice restent bien comprises (ici) entre 0 et 4.

Il faut bien voir qu'en langage C chaque valeur d'un tableau est repérée par un indice qui est un nombre. Dans la vie courante, nous utilisons souvent d'autres manières de repérer une valeur. Ainsi, devant un tableau de 20 notes d'élèves, un enseignant préférera parler de la note de Pierre plutôt que de la note de rang 3.

2. Comment utiliser un tableau à une dimension

2.1 Lui attribuer de la place et préciser son type

Comme pour une variable, le compilateur doit être en mesure de réserver l'emplacement d'un tableau et il doit connaître le type de ses différents éléments. Ces informations lui seront fournies par une instruction de déclaration. Ainsi, le tableau nombres dont nous avons parlé dans le paragraphe précédent sera déclaré par :

```
int nombres [5] ;     /* l'espace avant [5] est facultatif */
```

Notez l'ordre dans lequel on fournit les informations : type, nom et nombre d'éléments. De plus, ne confondez pas la notation d'un élément de tableau *nombres* [5] avec la même notation apparaissant dans la déclaration du tableau et qui, cette fois, indique sa taille.

On peut mentionner plusieurs tableaux de même type et, éventuellement, de taille différente dans une même instruction de déclaration. Par exemple, l'instruction :

```
int res [100], x [20] ;
```

réserverait les emplacements de deux tableaux d'entiers, le premier nommé *res* comportant 100 éléments, le second, nommé *x*, comportant 20 éléments.

 Important

La taille d'un tableau, c'est-à-dire l'emplacement mémoire nécessaire, dépend à la fois de son type (c'est-a-dire du type de ses éléments) et de sa dimension. En langage C (comme dans bon nombre d'autres langages), cette taille doit être connue lors de la compilation, c'est-à-dire, au bout du compte, au moment où vous écrivez votre programme. Il est donc impossible de disposer de tableaux dont le nombre d'éléments serait déterminé pendant l'exécution du programme, et, a fortiori, que ce nombre évolue au fil de l'exécution. Un tel besoin peut cependant être satisfait en faisant appel à des techniques dites de "gestion dynamique de la mémoire" qui sortent du cadre de cet ouvrage.

2.2 Manipuler les éléments d'un tableau

Un élément de tableau (on parle aussi de variable indicée) s'emploie exactement comme une variable de type identique. Comme tous les tableaux que nous rencontrerons dans ce chapitre auront des éléments d'un type "scalaire" (entier, flottant, caractère), vous voyez qu'un élément de tableau pourra notamment :

- faire l'objet d'une affectation,

- figurer dans une expresssion arithmétique,

- figurer dans la liste d'une instruction de lecture ou d'écriture.

Les paragraphes suivants vous en donnent de nombreux exemples d'école, c'est-à-dire dont le seul objectif est de vous familiariser avec la manipulation des tableaux.

 Nous rencontrerons plus tard, dans le chapitre consacré aux structures, des tableaux dont les éléments ne seront plus simplement des scalaires, mais des "structures" ; dans ce cas, seule la première des trois possibilités évoquées précédemment (affectation) sera exploitable.

2.3 Affectation de valeurs à un tableau

Avec cette déclaration :

```
int x [4] ;
```

les instructions :

```
x[0] = 12 ;   /* on peut écrire x[0], x [0], x [ 0 ] ... */
x[1] = 5 ;
x[2] = 8 ;
x[3] = 20 ;   /* notez bien que le dernier des 4 éléments de x porte
                 le numéro 3 */
```

placent respectivement les valeurs 12, 5, 8 et 20 dans chacun des éléments du tableau x, ce que l'on peut schématiser par exemple ainsi :

12	5	8	20

x

De même, avec ces instructions :

```
char voy [6] ;
    .....
voy[0] = 'a' ;
voy[1] = 'e' ;
voy[2] = 'i' ;
voy[3] = 'o' ;
voy[4] = 'u' ;
voy[5] = 'y' ;
```

on obtient, dans chacun des éléments du tableau *voy*, les caractères correspondant aux 6 voyelles de l'alphabet, ce que l'on peut schématiser ainsi :

a	e	i	o	u	y

voy

Si l'on souhaite placer la même valeur, par exemple 1, dans chacun des éléments du tableau *x* précédent, il est inutile d'utiliser 4 instructions d'affectation différentes, comme dans :

```
x[0] = 1 ;
x[1] = 1 ;
x[2] = 1 ;
x[3] = 1 ;
```

Il suffit, en effet, de faire appel à une répétition inconditionnelle utilisant un compteur (nommé, par exemple *i*), dont la valeur progresse de 0 à 3 :

```
for (i=0 ; i<4 ; i=i+1) x[i] = 1 ;
```

À ce propos, ne confondez pas l'indice qui sert à repérer un élément du tableau avec la valeur de cet élément ; autrement dit, ne confondez pas *i* avec *x[i]*.

Remarque

Important

Nous pouvons donc affecter une valeur à un élément quelconque d'un tableau. En revanche, il n'existe pas, en langage C, d'instruction agissant directement sur toutes les valeurs d'un tableau ; par exemple, nous avons vu que, pour attribuer la même valeur à tous les éléments d'un tableau, il fallait répéter une instruction d'affectation de cette valeur à un élément de rang *i*. De la même manière, si *t1* et *t2* sont deux tableaux de même type et de même taille :

```
int t1[100], t2[100] ;
```

la seule façon de recopier toutes les valeurs de *t2* dans *t1* sera de recourir à une répétition de la forme :

```
for (i=0 ; i<100 ; i=i+1) t1[i] = t2[i] ;
```

Une instruction telle que *t2* = *t1* n'aurait pas de sens et, de toute façon, elle serait rejetée par le compilateur.

2.4 Lecture d'éléments d'un tableau

Si l'on a déclaré un tableau *x* par :

```
int x[4] ;
```

on peut lire une valeur entière pour son premier élément par :

```
scanf ("%d", &x[0]) ;
```

Rappelons que *&x[0]* signifie "adresse" de *x[0]*, c'est-à-dire l'adresse du premier élément (de type *int*) du tableau *x*. Il est inutile d'utiliser des parenthèses en écrivant par exemple *&(x[0])* ; le faire ne constituerait cependant pas une erreur.

De même :

```
scanf ("%d%d", &x[1], &x[3]) ;
```

lira deux valeurs entières qui seront affectées au deuxième élément (repéré par l'indice 1, et non 2 car, ne l'oubliez pas, le premier élément d'un tableau est repéré par l'indice 0, et non 1) et au quatrième élément du tableau *x*.

Bien entendu, il vous sera possible de lire des valeurs pour chacun des éléments de *x* en utilisant une répétition appropriée :

```
for (i=0 ; i<4 ; i=i+1)
    scanf ("%d", &x[i]) ; /* lire l'élément d'indice i */
```

Notez que, avec ces instructions, compte tenu des règles de lecture de *scanf*, l'utilisateur pourra présenter sa réponse comme il le voudra : à raison d'une seule valeur par ligne, en plaçant les 4 valeurs sur une même ligne, en fournissant tantôt une, tantôt deux valeurs par ligne…

En revanche, cette liberté n'existera plus si l'on souhaite guider l'utilisateur, en lui indiquant, par exemple, un numéro pour chaque valeur, comme dans :

```
for (i=0 ; i<4 ; i=i+1)
  { printf ("donnez la valeur numéro %d : ", i) ;
    scanf ("%d", &x[i]) ;
  }
```

Plus précisément, l'utilisateur pourra toujours fournir plus d'une valeur par ligne, mais le dialogue sera un peu déconcertant, comme dans cet exemple :

```
donnez la valeur numéro 0 : 5 12
donnez la valeur numéro 1 : donnez la valeur numéro 2 : 25
donnez la valeur numéro 4 : 45
```

À titre indicatif, nous obtiendrions dans les 4 éléments de *x*, respectivement les valeurs 5, 12, 25 et 45.

 La remarque précédente concernant la manipulation globale de tableaux, au niveau de l'affectation, s'applique également à la lecture. Il n'existe pas, en langage C, d'instruction permettant de lire directement l'ensemble des valeurs d'un tableau. Cependant, une instruction telle que :

```
scanf ("%d", &t) ; /* équivalent, en fait, à scanf ("%d", &t[0]) ; */
```

ne serait pas rejetée par le compilateur. En effet, en C, l'adresse d'un tableau n'est en fait rien d'autre que l'adresse de son premier élément ; qui plus est, nous verrons que la simple notation *t* désigne même cette adresse, de sorte que l'instruction suivante reste acceptée :

```
scanf ("%d", t) ;  /* équivalent à scanf ("%d", &t[0]) ; */
```

2.5 Écriture d'éléments d'un tableau

Là encore, il suffit d'appliquer à un élément de tableau (variable indicée) ce que l'on sait faire avec une variable de type identique. En voici un exemple simple :

```
main()
{  int tab [6] ;
   int i ;
   tab[0] = 0 ;              /* 0 pour le premier élément */
   for (i=1 ; i<5 ; i=i+1)   /* i<5 ou, si l'on préfère, i<=4 */
      tab[i] = 1 ;           /* 1 dans les éléments d'indice 1 à 4 */
   tab[5] = 2 ;              /* 2 dans le dernier élément */
   for (i=0 ; i<6 ; i=i+1)
      printf ("%d ", tab[i]) ;   /* on écrit chacun des éléments,
                                    avec le même format */
}
```

```
0 1 1 1 1 2
```

Bien entendu, la répétition d'une unique instruction d'écriture n'est utilisable que si l'on accepte d'écrire tous les éléments du tableau avec le même format, ce qui est généralement le cas. Notez bien qu'ici nous avons prévu un espace après le code *%d* ; si tel n'était pas le cas, les valeurs seraient écrites sans espace pour les séparer, ce qui ne serait pas très satisfaisant :

```
011112
```

Si l'on souhaitait obtenir une valeur par ligne, il suffirait de remplacer l'instruction d'écriture par :

```
printf ("%d\n", tab[i]) ;
```

2.6 Attention aux "débordements d'indices"

Supposons que vous ayez déclaré ce tableau :

```
int t[15] ;
```

et que vous cherchiez à utiliser l'élément *t[20]* ou encore l'élément *t[i]*, avec des valeurs de *i* incorrectes (c'est-à-dire, ici, non comprises entre 0 et 14).

Dans le premier cas (*t[20]*), on pourrait espérer que le compilateur signale l'anomalie ; en pratique, ce sera peu souvent le cas.

Dans le second cas, il faut savoir qu'à la notation *t[i]* le compilateur fait correspondre en fait un calcul de l'adresse de l'élément de rang *i* du tableau *t* ; ce calcul fait intervenir à la fois l'adresse de début du tableau, la taille de chacun de ses éléments et la valeur de *i* (notez que le compilateur ne peut pas connaître effectivement cette adresse, laquelle, au demeurant, peut être différente d'une fois à l'autre, suivant la valeur effective de *i* !). Pour des valeurs incorrectes de *i*, ce calcul fournira toujours une adresse, mais simplement cette dernière sera "extérieure" au tableau. Les conséquences peuvent alors être diverses :

- valeur de *t[i]* imprévisible (dans le cas où l'on cherche simplement à utiliser cette valeur *t[i]*),

- écrasement d'une valeur en un emplacement quelconque, dans le cas où l'on cherche à affecter une valeur à *t[i]*.

On voit donc qu'il est absolument nécessaire d'introduire soi-même au sein d'un programme des instructions vérifiant la cohérence d'un indice, dès lors qu'un risque existe, notamment si cet indice résulte de valeurs fournies en données.

3. Exemple d'utilisation d'un tableau à une dimension

Voici maintenant le programme permettant de résoudre le problème posé dans le paragraphe 1.1 :

```
main()
{  int nombres [5] ;   /* pour conserver les 5 nombres fournis */
   int carre ;         /* pour le calcul du carré d'un nombre */
   int i ;
        /* lecture des 5 nombres dans le tableau nombres */
   printf ("donnez 5 nombres entiers (présentation libre) :\n") ;
   for (i=0 ; i<5 ; i=i+1)
      scanf ("%d", &nombres[i]) ;
        /* affichage des 5 nombres et de leurs cubes */
   printf ("NOMBRE  CARRE\n") ;
   for (i=0 ; i<5 ; i=i+1)
      { carre = nombres[i] * nombres[i] ;
        printf ("%5d %6d\n", nombres[i], carre) ;
      }
}
```

```
donnez 5 nombres entiers (présentation libre) :
11 9
14 25 63
NOMBRE    CARRE
    11     121
     9      81
    14     196
    25     625
    63    3969
```

Remarque On pourrait se passer de la variable carre en remplaçant la dernière instruction *printf* par :

```
printf ("%5d %5d", nombres[i], nombres[i]*nombres[i]) ;
```

Exercice VII.1 Que fournira l'exécution de ce programme :

```
main()
{ int val[6] ;
  int k ;
  val[0] = 1 ;
  for (k=1 ; k<6 ; k=k+1)
      val[k] = val[k-1] + 2 ;
  for (k=0 ; k<6 ; k=k+1)
       printf ("%d ", val[k]) ;
}
```

Exercice VII.2 Que fournira l'exécution de ce programme :

```
main()
{ int suite[8] ;
  int i ;
  suite[0] = 1 ;
  suite[1] = 1 ;
  for (i=2 ; i<8 ; i=i+1)
      suite[i] = suite[i-1] + suite[i-2] ;
  for (i=0 ; i<8 ; i=i+1)
      printf ("%d\n", suite[i]) ;
}
```

4. Quelques techniques classiques appliquées aux tableaux à une dimension

Dans le précédent chapitre, nous avons appris à calculer la somme ou le maximum de plusieurs valeurs lues en données. Les techniques utilisées peuvent s'appliquer sans difficulté au cas où les valeurs en question sont les éléments d'un tableau.

Soit *t* un tableau de 200 entiers réservé par la déclaration :

```
int t[200] ;
```

Les instructions suivantes en calculent la somme dans la variable entière nommée *som* (la variable *i* est supposée de type *int*) :

```
som = 0 ;
for (i=0 ; i<200 ; i=i+1)
  som = som + t[i] ;
```

Les instructions suivantes permettent d'obtenir, dans la variable nommée *max*, supposée de type *int*, la plus grande valeur de ce même tableau *t* :

```
max = t[0] ;
for (i=1 ; i<200 ; i=i+1)    /* attention, on commence à i=1
                                et non i=0 */
  if (t[i] > max) max = t[i] ;
```

Exercice **VII.3** À partir du tableau *t* précédent, écrivez les instructions permettant de déterminer la position de son plus grand élément, c'est-à-dire la valeur de l'indice correspondant.

5. Tri d'un tableau à une dimension

L'utilisation d'un tableau permet de résoudre un problème assez fréquent, à savoir ordonner, par exemple, de manière croissante, une suite de valeurs.

Dans tous les cas, on commence par placer les valeurs en question dans un tableau. Puis, on effectue ce que l'on nomme un tri des valeurs de ce tableau. Plusieurs techniques existent à cet effet : la plus simple se nomme "tri par extraction simple" ; elle se définit ainsi (*n* représentant le nombre d'éléments du tableau) :

- on recherche le plus petit élément des *n* éléments du tableau ;

- on échange cet élément avec le premier élément du tableau ;

▦ le plus petit élément se trouve alors en première position. On peut alors appliquer les deux opérations précédentes aux *n - 1* éléments restants, puis aux *n - 2*… et cela jusqu'à ce qu'il ne reste plus qu'un seul élément (le dernier) qui est alors le plus grand.

Voici un programme complet appliquant cette technique à 15 valeurs entières lues en données :

```
main()
{   int t [15] ;    /* pour les 15 valeurs à trier */
    int i, j ;
    int temp ;       /* pour procéder à l'échange de deux valeurs */
        /* lecture des valeurs à trier */
    printf ("donnez 15 valeurs entières (présentation libre) :\n") ;
    for (i=0 ; i<15 ; i=i+1)
       scanf ("%d", &t[i]) ;
         /* tri des valeurs */
    for (i=0 ; i<14 ; i=i+1)          /* "passe" avec tous les éléments
                                         sauf le dernier */
       for (j=i+1 ; j<15 ; j=j+1)   /* pour comparer t[i] avec
                                        tous ses suivants */
          if (t[i] > t[j]) { temp = t[i] ;      /* échange de t[i] */
              t[i] = t[j] ;                      /* et t[j] si */
              t[j] = temp ;                      /* nécessaire */
            }
          /* affichage des valeurs triées */
    printf ("voici vos valeurs triées par ordre non décroissant :\n") ;
    for (i=0 ; i<15 ; i=i+1)
       printf ("%d ", t[i]) ;
}
```

```
donnez 15 valeurs entières (présentation libre) :
12 8 9 -5 0 15 3 21 8 8 4 -7 7 10 9
voici vos valeurs triées par ordre non décroissant :
-7 -5 0 3 4 7 8 8 8 9 9 10 12 15 21
```

Exercice VII.4 Écrivez un programme qui lit 25 notes et qui indique combien d'entre elles sont supérieures à leur moyenne (c'est-à-dire à la moyenne de ces 25 notes et non à la valeur 10 !).

6. Initialisation de tableaux à une dimension

Nous avons déjà vu comment il était possible d'initialiser une variable au moment de sa déclaration. Cette possibilité s'applique également aux tableaux à une dimension. Par exemple, la déclaration :

```
int tab[5] = { 10, 20, 5, 0, 3 } ;
```

place les valeurs 10, 20, 5, 0 et 3 dans chacun des 5 éléments du tableau tab.

De même :

```
char voy [6] = { 'a', 'e', 'i', 'o', 'u', 'y' } ;
```

place les 6 caractères correspondants à nos voyelles dans le tableau de type char, nommé voy.

Il est possible de ne mentionner dans les accolades que certaines valeurs seulement (il doit s'agir des premières), comme dans ces exemples :

```
int tab[5] = { 10, 20 } ;
int tab[5] = { 10, 20, 5 } ;
```

Notez toutefois que, dans ce cas, les valeurs manquantes resteront imprévisibles.

Exemple : comptage des voyelles d'une suite de caractères

Nous allons réaliser un programme qui lit une suite de caractères (supposée terminée par une validation, donc par un caractère de "fin de ligne") et qui comptabilise le nombre de fois où chacune des 6 voyelles y apparaît, comme dans cet exemple d'exécution :

```
donnez un texte de votre choix :
je me figure ce zouave qui joue du xylophone en buvant du whisky.
votre texte comporte :
2 fois la lettre a
8 fois la lettre e
3 fois la lettre i
4 fois la lettre o
7 fois la lettre u
2 fois la lettre y
```

Pour ce faire, nous allons utiliser deux tableaux de même taille :

- un premier qui contiendra les différentes voyelles :

```
char voy [6] = { 'a', 'e', 'i', 'o', 'u', 'y' } ;
```

un second qui servira à compter le nombre de chacune des voyelles :

```
int compte [6] ;
```

Ainsi, on s'arrangera pour obtenir, dans *compte[0]*, le nombre de fois où est apparue la voyelle *voy[0]*, dans *compte[1]*, le nombre de fois où est apparue la voyelle *voy[1]*...

En définitive, vous voyez qu'il nous suffit de répéter, pour chaque caractère lu (par exemple dans la variable *c*) le traitement suivant : comparer *c* avec chacune des 6 voyelles du tableau *voy* ; si une égalité est trouvée, augmenter de un l'élément correspondant du tableau compte.

Voici le programme :

```
main()
{  char voy [6] = { 'a', 'e', 'i', 'o', 'u', 'y' } ; /* les 6
                                              voyelles */
   int compte [6] ;   /* les compteurs correspondants */
   int i ;            /* compteur de répétition */
   char c ;           /* pour un caractère lu au clavier */
   for (i=0 ; i<6 ; i=i+1) compte[i] = 0 ;   /* initialistion
                                         des compteurs */
   printf ("donnez un texte de votre choix :\n") ;
   do
      { scanf ("%c", &c) ;
        for (i=0 ; i<6 ; i=i+1)
           if (c == voy[i]) compte[i] = compte[i] + 1 ;
      }
   while (c != '\n') ;
   printf ("votre texte comporte :\n") ;
   for (i=0 ; i<6 ; i=i+1)
      printf ("%d fois la lettre %c\n", compte[i], voy[i]) ;
}
```

 Remarque

Même lorsque l'on a trouvé qu'un caractère correspondait à une voyelle, on poursuit la boucle de comparaison avec les autres voyelles ; il serait possible de l'éviter, mais au prix d'une légère complication du programme.

7. Pour faciliter la modification de la dimension d'un tableau

Il arrive souvent qu'après avoir réalisé et utilisé un programme travaillant sur un tableau de dimension donnée on ait besoin de l'adapter pour qu'il travaille avec un tableau de taille différente. La modification est alors possible mais elle nécessite parfois beaucoup d'attention. Par exemple, si initialement vous disposiez d'un tableau à 10 éléments :

```
float t [10] ;
```

et que vous souhaitiez maintenant disposer d'un tableau à 25 éléments, il vous faudra, bien sûr, transformer 10 en 25 dans votre déclaration :

```
float t [25] ;
```

Mail il vous faudra également intervenir dans le programme au niveau de tout ce qui concerne le nombre d'éléments du tableau. Il est probable qu'il faudra modifier 10 en 25 en d'autres endroits mais, de plus :

- il n'est pas certain que cette modification doive être systématique, la valeur 10 pouvant apparaître, également, de façon indépendante du nombre d'éléments du tableau,

- d'autres modifications, moins évidentes, peuvent être nécessaires : le nombre d'éléments peut très bien être "caché" dans une constante telle que 9, si elle représente le nombre d'éléments moins un (par exemple dans un tri du tableau)…

En fait, l'adaptation de notre programme serait manifestement facilitée si ce nombre d'éléments (10) n'apparaissait qu'en un seul endroit du programme. On pourrait penser à utiliser une variable déclarée ainsi :

```
int nel = 10 ;
```

mais, dans ce cas, il ne serait pas possible de la faire intervenir dans la déclaration du tableau :

```
float t [nel] ;      /* incorrect car nel n'est pas une constante */
```

En effet, la dimension d'un tableau doit obligatoirement être connue du compilateur pour qu'il puisse en réserver la place ; certes, direz-vous, mais la valeur de nel semble "accessible" au compilateur ; cependant rien ne lui dit qu'elle ne risque pas d'évoluer au fil de l'exécution du programme.

Il existe toutefois une solution qui consiste à utiliser une instruction particulière *#define*, comme dans cet exemple :

```
#define NEL 10
main()
{ float t [NEL] ;
    .....
  for (i=0 ; i<NEL ; i=i+1)
    .....
```

```
    for (i=0 ; i<NEL-1 ; i=i+1)
        .....
}
```

L'instruction *#define* demande au compilateur de remplacer, avant d'entamer la traduction du programme, chaque apparition du symbole *NEL* par 10 (un peu comme le ferait une commande de "remplacement" d'un traitement de texte !).

Dans ces conditions, la tâche d'adaptation de notre programme est extrêmement simplifiée puisqu'elle se ramène à la seule modification de l'instruction *#define*.

Nous avons écrit *NEL* en majuscules ; il ne s'agit là nullement d'une obligation mais cela permet de mieux repérer dans le programme de tels symboles (définis par *#define*) qui sont remplacés avant compilation.

Les instructions *#define* ne portent que sur la partie du programme qui les suit. En général, on les place avant le programme.

Si, par mégarde, vous cherchez à introduire dans votre programme une instruction telle que l'une des suivantes :

```
NEL = NEL +1 ;
NEL = 30 ;
```

après remplacement de *NEL* par 10, le compilateur aura à traduire, en fait :

```
10 = 10 + 1 ;
10 = 30 ;
```

ce qui l'amènera à signaler une erreur de syntaxe.

Les instructions suivantes sont correctes :

```
#define NEL 10
.....
float t1 [NEL] ;
float t2 [NEL + 1] ;
int t1 [2 * NEL] ;
```

car là où une constante est requise, le compilateur accepte également ce que l'on nomme une "expression constante", c'est-à-dire une expression arithmétique, ne faisant intervenir que des constantes, dont il sait déterminer la valeur au moment de la compilation. Effectivement, ici, la dimension de *t2*, telle qu'elle apparaît au compilateur (après remplacement de *NEL* par 10) est 10 + 1 (que le compilateur comprend bien comme 11), celle de *t3* est 2 * 10 (que le compilateur comprend bien comme 20).

8. Introduction aux tableaux à deux dimensions

Un tableau à une dimension correspond à une liste ordonnée de valeurs qu'on peut schématiser par une ligne ou une colonne de valeurs. Quoi qu'il en soit, il s'agit d'un schéma qu'on pourrait effectivement qualifier comme étant "à une dimension" et qui fait songer à la notion de vecteur en mathématiques.

Dans la vie courante, on a plutôt tendance à utiliser le mot tableau pour un ensemble de valeurs susceptibles d'être présentées sous forme d'un schéma à deux dimensions comportant à la fois des lignes et des colonnes. Ainsi, on peut faire un tableau donnant les notes de chaque élève d'une classe, dans chacune des différentes matières. Il pourrait se présenter ainsi :

matière élève	français	maths	physique	histoire
Vincent	12	15	11	9
François	10	8	11	16
Paul	9	10	8	12
Pierre	14	7	10	17

En langage C, il est tout à fait possible de placer ces différentes valeurs dans un tableau à deux dimensions. Cela consiste, comme dans le cas des tableaux à une dimension, à donner un nom, par exemple notes à l'ensemble de ces valeurs. Chaque note est alors repérée par les valeurs de deux indices qui en précisent la position :

Faites bien attention à la notation employée par le langage C qui consiste à mentionner chaque valeur d'indice entre ses propres crochets.

Là encore, il faut bien noter que les indices servent à repérer les éléments du tableau ; ils ne précisent pas nécessairement leur signification. Autrement dit, si *notes [1][2]* correspond à la note de *François* en *Physique*, c'est parce que vous êtes convenu que le deuxième élève est *François* et que la troisième matière est la *Physique* (attention, n'oubliez pas que le premier indice est zéro, et non un !).

Dans notre schéma, nous sommes convenus que le premier indice servait à repérer la ligne. Nous aurions pu faire l'hypothèse inverse, à savoir qu'il représentait la colonne. Quoi qu'il en soit, ce choix n'a aucune incidence sur le programme lui-même et il n'intervient que :

- si nous souhaitons "faire un dessin",

- lorsque nous préférons parler de ligne ou de colonne, plutôt que de parler des "éléments correspondant à une valeur donnée du premier indice" (ce qui serait quand même moins concis !).

Dans la suite, nous utiliserons souvent ces termes de ligne et de colonne, en utilisant la première hypothèse. Il en ira de même lorsque nous illustrerons notre propos par un dessin.

Remarque Si l'on s'intéresse à la manière dont les éléments d'un tableau sont rangés en mémoire centrale, on voit bien que cette notion de ligne et de colonne n'a plus de sens puisque la mémoire ne possède en quelque sorte qu'une seule dimension (déterminée par la progression des adresses de ses octets). En fait, en langage C, les différents éléments d'un tableau sont rangés en mettant "bout à bout" les différentes lignes ; nous y reviendrons un peu plus loin.

9. Comment utiliser un tableau à deux dimensions

9.1 Lui attribuer de la place et préciser son type

On procède en fait de façon analogue à ce que l'on faisait pour les tableaux à une dimension. Ainsi :

```
int notes [20] [10] ;
```

réservera l'emplacement d'un tableau d'entiers de 200 valeurs (20 fois 10). Chaque élément sera repéré par deux indices : le premier devra être compris entre 0 et 19, le second devra être compris entre 0 et 9.

9.2 Exemple d'affectation de valeurs à un tableau à deux dimensions

Considérons ces instructions :

```
int x [2] [3] ;
    .....
x [0] [0] = 5 ;
x [0] [1] = 12 ;
x [0] [2] = 2 ;
x [1] [0] = 8 ;
x [1] [1] = 9 ;
x [1] [2] = 5 ;
```

Leur exécution place les valeurs 5, 12, 2, 8, 9 et 5 dans les 6 éléments du tableau x. On peut éventuellement schématiser cela ainsi (en utilisant la convention évoquée dans le paragraphe 8, à savoir que le premier indice correspond à une ligne) :

5	12	2
8	9	5

x

Nous avons vu qu'il est facile de placer une même valeur dans les différents éléments d'un tableau à une dimension en faisant appel à une répétition inconditionnelle. La même possibilité s'applique bien sûr aux tableaux à deux dimensions, à condition, cette fois, de faire appel à deux répétitions imbriquées, comme dans cet exemple où nous plaçons la valeur 1 dans chacun des éléments de notre tableau x précédent :

```
int i, j ;
    .....
for (i=0 ; i<2 ; i=i+1)
   for (j=0 ; j<3 ; j=j+1)
      x [i] [j] = 1 ;
```

9.3 Exemple de lecture des éléments d'un tableau à deux dimensions

Si l'on a déclaré un tableau x par :

```
int x[2] [3] ;
```

on peut lire une valeur entière pour un de ses éléments par une instruction telle que :

```
scanf ("%d", &x[1][2]) ;
```

Ici, &x[1][2] signifie "adresse" de x[1][2]. Notez que, là encore, aucune parenthèse n'est nécessaire.

Bien entendu, il vous sera possible de lire des valeurs pour tous les éléments de x en utilisant des répétitions imbriquées :

```
for (i=0 ; i<2 ; i=i+1)
  for (j=0 ; j<3 ; j=j+1)
    scanf ("%d", &x[i][j]) ;    /* lecture de l'élément repéré
                                   par les indices i et j */
```

Si, par exemple, nous exécutons ces instructions en fournissant les données suivantes :

```
10  20  30  40  50  60
```

nous obtiendrons ce résultat :

10	20	30
40	50	60

x

Notez bien que si nous inversons l'ordre des imbrications en écrivant :

```
for (j=0 ; j<3 ; j=j+1)
  for (i=0 ; i<2 ; i=i+1)
    scanf ("%d", &x[i][j]) ;    /* lecture de l'élément repéré
                                   par les indices i et j */
```

ou, de façon équivalente (nous avons permuté i et j) :

```
for (i=0 ; i<3 ; i=i+1)
  for (j=0 ; j<2 ; j=j+1)
    scanf ("%d", &x[j][i]) ;    /* lecture de l'élément
                                   repéré par les indices j et i */
```

nous obtiendrons, avec les mêmes données, un résultat différent :

10	30	50
20	40	60

x

Ici, nous avons lu en une seule fois tous les éléments du tableau x. Mais il ne s'agit nullement d'une obligation. Rien ne vous empêche d'effectuer une lecture ligne par ligne ou colonne par colonne ou, bien que cela soit d'un usage peu fréquent, d'une façon plus désordonnée…

9.4 Exemple d'écriture des éléments d'un tableau à deux dimensions

Aucun problème particulier ne se pose ici et nous allons en profiter pour vous donner un exemple complet de programme d'école (notez que l'usage d'un tableau n'y est nullement justifié, et encore moins celui d'un tableau à deux dimensions) :

```
main()
{  int x[2][3] ;
   int i, j, val ;
   val = 1 ;
      /* on remplit le tableau x avec des valeurs consécutives */
   for (i=0 ; i<2 ; i=i+1)
      for (j=0 ; j<3 ; j=j+1)
         { x[i] [j] = val ;
           val = val + 1 ;
         }
      /* on affiche les valeurs du tableau x */
   for (i=0 ; i<2 ; i=i+1)
      for (j=0 ; j<3 ; j=j+1)
         printf ("%d ", x[i][j]) ;
}
```

```
1 2 3 4 5 6
```

 Remarque La remarque précédente, formulée à propos de l'ordre de lecture des éléments d'un tableau, s'applique également ici à l'ordre dans lequel on les écrit.

Exercice VII.5

a) Quels seraient les résultats fournis par le programme précédent, si l'on remplaçait les instructions d'écriture par les suivantes :

```
for (i=0 ; i<2 ; i=i+1)
  { printf ("\n") ;
    for (j=0 ; j<3 ; j=j+1)
    printf ("%d ", x[i][j]) ;
  }
```

b) Même question avec ces instructions :

```
for (j=0 ; j<3 ; j=j+1)
  for (i=0 ; i<2 ; i=i+1)
    printf ("%d ", x[i][j]) ;
```

Exercice VII.6 Quels seront les résultats fournis par ce programme :

```
main()
{ int t[4] [2] ;
  int k, m ;
  for (k=0 ; k<4 ; k=k+1)
     for (m=0; m<2 ; m=m+1)
        t[k] [m] = k + m ;
  for (k=0 ; k<4 ; k=k+1)
     for (m=0 ; m<2 ; m=m+1)
        printf ("%d ", t[k][m]) ;
}
```

Exercice VII.7 Soit les déclarations des exemples des paragraphes 9.3 et 9.4 :

```
int x[2] [3] ;
```

Écrivez un programme qui lit 6 valeurs pour le tableau *x*, en les demandant "ligne par ligne" et qui les réécrit, "colonne par colonne", comme dans :

```
donnez les valeurs de la ligne numéro 0 :
5 9 7
donnez les valeurs de la ligne numéro 1 :
8 10 3
voici la colonne numéro 0 : 5 8
voici la colonne numéro 1 : 9 10
voici la colonne numéro 0 : 7 3
```

9.5 Attention aux "débordements d'indices"

Ce que nous avons dit à propos des risques liés au "débordement d'indices" pour un tableau à une dimension, s'applique aux tableaux à deux dimensions, avec toutefois une nuance. En effet, autant pour un tableau à une dimension il était logique de ranger ses éléments en mémoire, en suivant tout naturellement l'ordre imposé par l'indice, autant pour un tableau à deux dimensions un choix (arbitraire) s'impose. Dans le cas du langage C, les éléments sont rangés "par ligne", c'est-à-dire qu'on trouve tout d'abord tous les éléments de la première ligne, puis tous ceux de la deuxième ligne, etc. Si l'on y regarde de près, on s'apercevra qu'une mauvaise valeur de l'un des deux indices (ou des deux) peut conduire, parfois à rester à l'intérieur du tableau, parfois à en sortir.

Là encore, il est nécessaire d'introduire soi-même au sein d'un programme, des instructions vérifiant la cohérence des indices, dès lors qu'un risque existe, notamment si ces indices résultent de valeurs fournies en données.

10. Quelques techniques classiques appliquées aux tableaux à deux dimensions

Les techniques utilisées pour calculer la somme ou le maximum de plusieurs valeurs d'un tableau à une dimension peuvent s'appliquer sans difficulté au cas des tableaux à deux dimensions.

Soit *t* un tableau de 1 000 entiers réservé par la déclaration :

```
int t[20] [50] ;
```

Les instructions suivantes en calculent la somme dans la variable entière nommée *som* (la variable *i* est supposée de type *int*) :

```
som = 0 ;
for (i=0 ; i<20 ; i=i+1)
   for (j=0 ; j<50 ; j=j+1)
      som = som + t[i][j] ;
```

En ce qui concerne la détermination de la plus grande des valeurs d'un tableau à deux dimensions, la généralisation est un petit peu moins évidente. En effet, on pourrait penser initialiser une variable (par exemple *max*) avec l'élément repéré par les indices 0 et 0 :

```
max = t[0][0] ;
```

Mais il nous faudrait alors comparer max avec chacun des éléments de *t*, excepté *t[0][0]*, ce qui serait peu facile à programmer. En fait, nous pouvons remarquer que nous ne modifierons pas la valeur du maximum en comparant à nouveau avec *max* l'élément *t[0][0]*. D'où une solution simple :

```
max = t[0][0] ;
for (i=0 ; i<20 ; i=i+1)    /* on commence ici à 0 */
   for (j=0 ; j<50 ; j=j+1)
      if (t[i][j] > max) max = t[i][j] ;
```

Écrivez les instructions permettant de déterminer la position du plus grand élément du tableau *t* précédent. Plus précisément, on s'arrangera pour obtenir, dans des variables entières nommées *imax* et *jmax*, les valeurs des deux indices permettant de repérer ce plus grand élément.

11. Initialisation de tableaux à deux dimensions

Comme les tableaux à une dimension, les tableaux à deux dimensions peuvent être initialisés lors de leur déclaration. Voyez cet exemple :

```
int tab [3] [4] = { { 1, 2, 3, 4 },
                    { 5, 6, 7, 8 },
                    { 9,10,11,12 } };
```

Notez qu'on y fournit en fait 3 listes séparées de 4 valeurs (ici, chaque liste figure sur une ligne différente mais, bien entendu, il ne s'agit pas d'une obligation) ; on peut dire qu'on y décrit les différentes lignes du tableau. Mais le langage C vous autorise également à procéder ainsi :

```
int tab [3] [4] = { 1, 2, 3, 4, 5, 6, 7, 8, 9, 10, 11, 12 };
```

Ici, on se contente de fournir tous les éléments, comme si l'on avait affaire à un tableau à une dimension ; on doit alors suivre l'ordre dans lequel le compilateur a prévu de les ranger en mémoire, c'est-à-dire *ligne par ligne*.

Cette fois encore, à chacun des deux niveaux (lignes ou éléments), les dernières valeurs peuvent être omises. Les déclarations suivantes sont correctes (mais non équivalentes) :

```
int tab [3] [4] = { { 1, 2 } , { 3, 4, 5 } };
int tab [3] [4] = { 1, 2, 3, 4, 5 };
```

12. Exemple d'utilisation d'un tableau à deux dimensions

Nous vous proposons un programme qui relève les notes de différents élèves dans différentes matières. Ici, pour simplifier, nous ne donnerons pas de nom à ces élèves, ni aux matières ; nous nous contenterons de les repérer par un numéro. Nous souhaitons que le programme calcule et affiche :

- les moyennes de chacun des élèves, en tenant compte de coefficients qui seront fixés dans le programme lui-même ;

- la moyenne de l'ensemble de la classe, dans chacune des matières.

Le dialogue avec l'utilisateur du programme se présentera ainsi :

```
Notes de l'élève numéro 1 dans les 5 matières ?
10 12 14 15 8
Notes de l'élève numéro 2 dans les 5 matières ?
9 7 11 12 6
   .....
Notes de l'élève numéro 25 dans les 5 matières ?
14 15 19 12 14
moyenne de l'élève numéro 1 :    12.91
moyenne de l'élève numéro 2 :     9.64
   .....
moyenne de l'élève numéro 25 :   14.45
moyenne dans la matière numéro 1 :    11.20
moyenne dans la matière numéro 2 :    11.60
moyenne dans la matière numéro 3 :    12.80
moyenne dans la matière numéro 4 :    14.00
moyenne dans la matière numéro 5 :     9.60
```

Il nous faut manifestement utiliser un tableau à deux dimensions pour conserver les notes de chaque élève dans chaque matière, par exemple (en utilisant une instruction *#define* pour fixer les valeurs de *NEL* et de *NMAT*) :

```
float notes [NEL] [NMAT] ;
```

De même, nous utiliserons un tableau à une dimension pour les différents coefficients :

```
int coeff [NMAT] = {1, 3, 2, 4, 1 } ;
```

Voici notre programme complet :

```
#define NEL 25                     /* nombre d'élèves de la classe */
#define NMAT 5                            /* nombre de matières */
main()
{
   float notes [NEL] [NMAT] ;          /* pour les notes des élèves
                                        dans chaque matière */
   int coeff [NMAT] = {1, 3, 2, 4, 1 } ;          /* tableau
                                        des coefficients */
   int s_coeff ;            /* pour la somme des coefficients */
   float somme, moyenne ;
   int i, j ;
```

```
          /* lecture des notes */
      for (i=0 ; i<NEL ; i=i+1)
        { printf ("Notes de l\'élève numéro %d dans les %d matières ?\n",
              i+1, NMAT) ;
          for (j=0 ; j<NMAT ; j=j+1)
            scanf ("%e", &notes[i][j]) ;
        }
        /* calul de la somme des coefficients */
      s_coeff = 0 ;
      for (i=0 ; i<NMAT ; i=i+1)
        s_coeff = s_coeff + coeff [i] ;
        /* calcul et affichage moyennes par élève */
      for (i=0 ; i<NEL ; i=i+1)
        { somme = 0. ;
          for (j=0 ; j<NMAT ; j=j+1)
            somme = somme + coeff [j] * notes[i][j] ;
          moyenne = somme / s_coeff ;    /* on suppose s_coeff non nul */
          printf ("moyenne de l\'élève numéro %d : %7.2f\n",
              i+1, moyenne) ;
        }
        /* calcul et affichage moyennes par matière */
      for (j=0 ; j<NMAT ; j=j+1)   /* on pourrait utiliser i, ici */
        { somme = 0 ;
          for (i=0 ; i<NEL ; i=i+1)              /* et j, ici */
            somme = somme + notes [i] [j] ;    /* en utilisant ici
                                                 notes [j] [i] */
          moyenne = somme / NEL ;
          printf ("moyenne dans la matière numéro %d : %7.2f\n",
              j+1, moyenne) ;
        }
    }
```

Remarques Si l'on voulait obtenir la moyenne de la classe, on pourrait se contenter de refaire la moyenne sur l'ensemble du tableau *notes* (compte tenu des coefficients). On pourrait également prévoir un tableau supplémentaire à une dimension soit pour conserver les moyennes des différents élèves, soit pour conserver les moyennes par matières ; il suffirait alors de faire la moyenne des éléments de l'un de ces tableaux.

Avant compilation, tous les symboles *NEL* seront remplacés par 5, de sorte que l'instruction :

```
printf ("Notes de l\'élève numéro %d dans les %d matières ?\n",
    i+1, NMAT) ;
```

deviendra :

```
printf (
        "Notes de l\'élève numéro %d dans les %d matières ?\n", i+1, 5) ;
```

Autrement dit, on y demandera d'afficher la valeur de l'expression arithmétique (réduite ici à une constante) 5, à l'aide du format *%d*, ce qui ne pose, en définitive, aucun problème.

13. Les tableaux à plus de deux dimensions

Il est possible d'utiliser des tableaux ayant plus de deux dimensions. Pour ce faire, il suffit de généraliser ce que nous avons appris pour les tableaux à deux dimensions. Ainsi :

```
float val [3] [10] [5] ;
```

déclare un tableau, nommé val, comportant 150 (3 x 10 x 5) éléments de type *float*. L'accès à un élément se fera, cette fois, à l'aide de trois indices, comme dans ces instructions :

```
x = val [2] [i] [k+1] ;
val [i] [j+1] [k-2] = 0. ;
```

Ces possibilités sont cependant rarement utilisées et plutôt réservées à des situations spécifiques.

Résumé

La "structure de données" la plus utilisée en langage C est le tableau. Il s'agit d'un ensemble ordonné d'éléments de même type, caractérisé par :

■ un nom,

■ un type (celui commun à tous ses éléments),

■ le nombre de dimensions,

■ la valeur de chacune de ses dimensions.

On déclare un tableau de la façon suivante :

```
int val [10] ;            /* tableau nommé val, à une dimension, */
                          /* de 10 éléments de type int          */
char lettres [5] [25] ;   /* tableau nommé lettres, */
                          /* à deux dimensions (5, 25), */
                          /* de 125 éléments de type char */
```

Les différentes dimensions doivent être ce que l'on nomme des "expressions entières constantes", c'est-à-dire calculables par le compilateur lui-même ; il peut s'agir, soit de constantes usuelles, soit d'expressions arithmétiques faisant intervenir des constantes et des "symboles" définis par une instruction *#define*.

Un élément de tableau se note en faisant suivre le nom du tableau de un ou plusieurs indices (autant que de dimensions) entre crochets. Chaque indice est une expression entière (attention, la première valeur d'un indice est 0, et non 1).

Un élément de tableau peut être utilisé comme n'importe quelle variable de type identique, c'est-à-dire, dans le cas des types scalaires (entier, flottant, caractère) : dans une expression arithmétique, à gauche d'une affectation, dans une instruction de lecture (il faut toujours recourir à l'opérateur & pour en fournir l'adressse à *scanf*), dans une instruction d'écriture.

Aucune protection n'est mise en place par le compilateur contre le risque d'employer des indices dont la valeur est située en dehors des limites prévues (on parle de débordement d'indice).

On peut initialiser un tableau lors de sa déclaration, en fournissant une "liste", éventuellement incomplète, de valeurs entre accolades ({…}).

Chapitre 8

Les fonctions

Dès lors qu'un programme commence à prendre une certaine importance, sa compréhension peut devenir délicate si l'on ne dispose d'aucun moyen de l'organiser. Certes, l'utilisation judicieuse des commentaires peut permettre de mettre en évidence les différentes parties du programme ; il n'en reste pas moins que le lecteur de ce programme en a une vision "séquentielle", à la manière du lecteur d'un livre qui ne disposerait pas de table des matières.

Par ailleurs, dans un gros programme, il est fréquent que l'on ait à réaliser en plusieurs endroits un travail comparable, par exemple le tri d'un tableau de nombres. Dans ces conditions, il est regrettable d'avoir à introduire, à diverses reprises, des instructions identiques ou presque.

En fait, la plupart des langages, y compris le C, permettent de réaliser ce que l'on nomme des "sous-programmes". Il s'agit d'instructions qu'on écrit une seule fois en leur attribuant un nom. Le sous-programme peut ensuite être utilisé en tout point d'un programme en se contentant d'en écrire le nom. Cela permet, en quelque sorte, de travailler avec des éléments préfabriqués au lieu d'être réduit, chaque fois, à assembler les briques de base que sont les instructions du langage. De surcroît, le sous-programme peut être "paramétré", de façon que son travail puisse s'adapter à des situations semblables, mais non identiques ; par exemple, un sous-programme calculant la valeur d'un polynôme pourra travailler avec différentes valeurs des coefficients ou de la variable ; un sous-programme de tri d'un tableau pourra travailler avec différents tableaux, éventuellement de tailles différentes…

Dans beaucoup de langages, on traite séparément le cas des sous-programmes qui se contentent de calculer une valeur, à partir d'un ou plusieurs paramètres qu'on leur fournit ; on les nomme des fonctions, par analogie avec la notion mathématique de même nom. Assez curieusement, le langage C ne fait pas cette distinction et, de plus, il emploie ce terme de fonction pour décrire toutes les formes de sous-programmes.

Dans ce chapitre, nous allons apprendre progressivement à mettre en œuvre ces fonctions. Nous commencerons par un exemple simple de (vraie) fonction à un paramètre, avant d'aborder des situations plus générales : vraie fonction à plusieurs paramètres, fonction sans paramètre, fonction sans résultat…

1. Premier exemple de définition et d'utilisation d'une fonction en C

Nous allons donc commencer par un exemple simple de fonction, correspondant à l'idée usuelle (mathématique) qu'on se fait d'une fonction, c'est-à-dire possédant un unique paramètre (on parle aussi d'argument) et fournissant une valeur en résultat. Pour ce faire, nous allons prendre l'exemple d'une fonction permettant de calculer le cube d'une valeur flottante. Il est nécessaire de bien distinguer :

- la définition de la fonction, c'est-à-dire les instructions qui la constituent ; en même temps, on y précisera le nom (ici, nous choisirons le nom *cube*), le type de son unique paramètre (ici *float*) et le type de la valeur qu'elle est censée calculer (ici *float*) ;

- son utilisation, au sein d'un programme.

Par souci de simplicité, nous commencerons par le deuxième aspect ; nous supposons donc que la fonction a été convenablement définie et nous allons voir comment l'utiliser. Il nous sera ensuite plus facile de voir comment la définir.

1.1 Utilisation de notre fonction cube

Si, par exemple, la variable *a* est de type *float*, la notation :

```
cube (a)
```

désigne simplement le résultat (de type *float*) obtenu en exécutant les instructions de la fonction *cube*, à laquelle on fournit en paramètre la valeur de *a*. On dit également que cette notation désigne un appel de la fonction *cube*. Cette notation peut apparaître au sein d'une expression arithmétique quelconque ; par exemple, si *c* est également de type *float*, vous pourrez écrire l'affectation suivante :

```
c = cube(a) * 3.0 ;
```

Pour traduire convenablement une telle instruction, le compilateur doit connaître les caracté-ristiques de la fonction *cube* (nom, type du paramètre, type de la valeur fournie en résultat) ; on lui fournit cette information à l'aide d'une déclaration appropriée, nommée prototype, laquelle, dans notre cas, se présente ainsi :

```
float cube (float) ;/* prototype de notre fonction cube */
```

Voici un exemple de programme utilisant notre fonction (attention, il est incomplet, car il y manque la définition de la fonction) :

```
main()
{   float cube (float) ;          /* prototype de la fonction cube */
    float a, c ;
    a = 1.5 ;
    c = cube(a) ;                 /* première utilisation de cube */
    printf ("c : %f\n", c) ;
    c = cube(a) * 3.0 ;           /* seconde utilisation dans une
                                     expression arithmétique */
    printf ("c : %f\n", c) ;
    printf ("cube de 2.2 : %f", cube(2.2)) ;          /* troisième
                                                         utilisation */

}
```

> **Remarque** Ne confondez pas la déclaration de la fonction avec sa définition (que nous étudions dans le paragraphe suivant).

1.2 Définition de notre fonction cube

Voici ce que pourrait être la définition de notre fonction *cube*, c'est-à-dire les instructions décrivant le calcul qu'elle doit effectuer :

```
float cube (float x)     /* en-tête de la fonction cube
                            (attention, pas de ;) */
{ float y ;              /* variable "locale" à la fonction cube */
  y = x * x * x ;
  return y ;
}
```

Vous constatez que sa structure est voisine de celle d'un programme, à savoir : un en-tête suivi d'un corps formé d'un bloc (suite d'instructions entre *{* et *}*). L'en-tête :

```
float cube (float x)
```

précise ici, outre le nom de la fonction (ici *cube*), le nom du paramètre (ici *x*), son type (*float*), ainsi que le type de la valeur que nous fournira la fonction (ici *float*). Son rôle peut être schématisé ainsi :

float	*cube*	*(float x)*
type du	nom de la	type et nom du premier
résultat	fonction	(et, ici, unique) paramètre

Notez bien que le nom *x* désigne la valeur du paramètre qui sera reçu par cube, lorsqu'on l'appellera ; il est choisi librement comme n'importe quel nom de variable. Il va nous servir, dans le corps de la fonction, à expliciter l'usage qui sera fait de ce paramètre.

Si l'on considère le corps de notre fonction, on y trouve une instruction de déclaration :

    float y ;

Elle précise que, pour effectuer son travail, la fonction a besoin d'une variable de type *float* que nous nommons *y*. Il s'agit là d'une déclaration analogue à celle que l'on pouvait trouver dans un programme ; la seule différence est que cette variable *y* n'est "connue" que dans les instructions de définition de notre fonction : on dit que la variable *y* est locale à la fonction *cube*.

L'instruction d'affectation qui suit est classique. Enfin, l'instruction :

```
 return y ;
```

précise la valeur qui sera fournie (on dit aussi renvoyée ou retournée) par la fonction, à la fin de son travail (on dit aussi de son exécution).

Remarques

En fait, on emploie parfois le terme de programme principal pour désigner ce que nous avions appelé jusqu'ici programme ; le terme de programme étant plus général et pouvant, le cas échéant, correspondre au regroupement d'un programme principal et de une ou plusieurs fonctions.

La valeur fournie par une fonction se nomme aussi résultat ou valeur de retour.

En C, le programme principal n'est rien d'autre qu'une fonction "comme les autres" dont seul le nom est imposé : main (qui signifie "principal(e)" en anglais). Les variables que nous avions déclarées jusqu'ici étaient en fait des variables locales à cette fonction main.

Le prototype se déduit de l'en-tête de la définition de la fonction, en éliminant les noms des paramètres et en ajoutant un point-virgule.

1.3 Mise en œuvre de notre fonction cube

Jusqu'ici, nous vous avons présenté séparément la définition de notre fonction cube et la définition du programme principal (fonction *main*) utilisant cette fonction. Pour mettre tout cela en œuvre, il vous suffit de faire compiler ces deux parties en les juxtaposant dans un ordre quelconque ; on peut donc placer la définition du programme principal (fonction *main*) avant ou après la définition de la fonction *cube*. Voici un exemple complet de ce que pourrait être notre programme (*main* + *cube*), accompagné d'un exemple d'exécution :

```
      /* exemple de programme utilisant notre fonction cube */
 main()
 {  float cube (float) ;        /* prototype de la fonction cube */
    float a, c ;
    a = 1.5 ;
    c = cube(a) ;       /* première utilisation de la fonction cube */
    printf ("c : %f\n", c) ;
    c = cube(a) * 3.0 ;  /* seconde utilisation dans une exp. arith. */
    printf ("c : %f\n", c) ;
    printf ("cube de 2.2 : %f", cube(2.2)) ; /* troisième utilisation */
 }

      /* définition de notre fonction cube */
 float cube (float x)              /* en-tête de la fonction cube */
 {  float y ;            /* variable "locale" à la fonction cube */
    y = x * x * x ;
    return y ;
 }
```

```
 c : 3.375000
 c : 10.125000
 cube de 2.2 : 10.648001
```

Remarque   Dans la définition de notre fonction *cube*, nous pouvons utiliser pour le paramètre et pour la variable locale, des noms quelconques, sans nous préoccuper de ceux qui risquent d'apparaître dans un programme amené à l'utiliser. Ainsi, bien que la fonction *main* dispose de variables locales nommées *a* et *c*, nous aurions pu, sans problème, définir *cube* de cette façon :

```
 float cube (float a)
 { float c ;
   c = a * a * a ;
   return c ;
 }
```

On dit que la "portée" des variables locales (comme *c*) et des paramètres (comme *a*) est limitée à la fonction où ils sont définis.

Remarques Lorsque la définition de la fonction est fournie en premier, sa déclaration (prototype) est facultative ; ceci provient de ce que, au moment où le compilateur rencontre des instructions utilisant la fonction, il a déjà effectué la traduction de sa définition et, donc, il dispose des informations nécessaires. Nous vous conseillons cependant de conserver l'habitude de déclarer votre fonction, même dans cette situation.

En fait, il est possible de compiler séparément le programme principal (*main*) et la fonction *cube*. Dans ce cas, les deux résultats de compilation (qu'on nomme des "modules objet") doivent être réunis par la suite, dans une opération nommée "édition de liens". Ces possibilités dites "de compilation séparée" constituent un atout majeur du langage C ; elles sortent cependant du cadre de cet ouvrage d'initiation.

Exercice VIII.1 Quels seront les résultats fournis par ce programme :

```
main()
{   int arrondi (float) ;   /* prototype de la fonction arrondi */
    float v1 = 1.6, v2 = 2.8 ;
    int p ;
    p = arrondi (v1) ; printf ("%d\n", p) ;
    p = arrondi (v2) ; printf ("%d\n", p) ;
    printf ("%d %d\n", arrondi(v1+v2), arrondi(v1) + arrondi(v2) ) ;
}
int arrondi (float r)
{ float y ;
  int n ;
  y = r + 0.5 ;
  n = y ;
  return n ;
}
```

2. D'autres exemples de fonctions

L'exemple précédent était particulier pour diverses raisons :

- notre fonction comportait exactement un paramètre ; en C, une fonction peut en comporter plusieurs ou aucun ;

- il s'agissait d'une "vraie fonction", c'est-à-dire que son rôle était limité à un calcul ; comme nous l'avons dit en introduction, en C, une fonction peut réaliser n'importe quelles actions et, éventuellement, ne pas fournir de résultat.

2.1 Exemple de vraie fonction à plusieurs paramètres

Voici la définition d'une fonction, nommée *max*, qui fournit en résultat la plus grande des trois valeurs entières reçues en paramètres :

```
int max (int a, int b, int c)
{  int m ;
   m = a ;
   if ( b>m ) m = b ;
   if ( c>m ) m = c ;
   return m ;
}
```

Cette fois, l'en-tête mentionne trois paramètres et correspond au schéma suivant :

int	*max*	*(int a,*	*int b,*	*int c)*
|	|	|	|	|
type du résultat	nom de la fonction	premier paramètre (nom *a*, type *int*)	deuxième paramètre (nom *b*, type *int*)	troisième paramètre (nom *c*, type *int*)

Ici encore, notre fonction comporte une variable locale, nommée *m*, qui servira à déterminer la valeur maximale cherchée. Voici un exemple de programme complet comportant à la fois la définition et l'utilisation de cette fonction (notez que, là encore, le prototype de la fonction se déduit facilement de son en-tête, en éliminant les noms de paramètres) :

```
main()
{  int max (int, int, int) ;    /* prototype de notre fonction max */
   int n, p, q, m ;
   n = 3 ; p = 5 ; q = 2 ;
   m = max (n, p, q) ;
   printf ("max de %d %d %d : %d\n", n, p, q, m) ;
   m = max (5*n, n+p, 12) ;
   printf ("valeur : %d\n" , m) ;
}
int max (int a, int b, int c)
{  int m ;
   m = a ;
   if ( b>m ) m = b ;
   if ( c>m ) m = c ;
   return m ;
}
```

```
max de 3 5 2 : 5
valeur : 15
```

Exercice VIII.2 Écrivez la définition d'une fonction calculant la valeur de l'expression :

$$ax^2 + bx + c$$

lorsqu'on lui transmet, en paramètre, les valeurs de *a*, *b*, *c* et *x* (supposées de type *float*, ainsi que le résultat de la fonction).

2.2 Exemple de fonction sans résultat

Voyez cette définition de fonction nommée optimist :

```
void optimist (int nfois)
{ int i ;
   for (i=0 ; i<nfois ; i=i+1)
      printf ("il fait beau\n") ;
}
```

Son en-tête montre qu'elle comporte un paramètre entier (nommé *nfois*) ; cette fois, il est précédé du mot *void* qui indique que la fonction ne fournit pas de résultat.

Si l'on examine les instructions du corps de la fonction, on constate qu'elles affichent un certain nombre de fois (correspondant à la valeur transmise en paramètre) le même texte : *il fait beau*. Là encore, pour effectuer son travail, notre fonction a eu besoin d'une variable locale (*i*).

Notez qu'aucune instruction return ne figure dans la définition de notre fonction.

En ce qui concerne l'utilisation de notre fonction, compte tenu de ce qu'elle ne fournit aucun résultat, il n'est plus possible d'en mentionner un appel au sein d'une expression arithmétique, comme, par exemple :

```
y = optimist (k) ;/* incorrect */
```

En fait, il suffit de se contenter d'en provoquer l'appel à l'aide d'une instruction de la forme :

```
optimist (k) ;         /* instruction simple provoquant l'appel
                          de optimist à laquelle on transmet
                          en paramètre, la valeur de k */
```

Voici un exemple complet de définition et d'utilisation de notre fonction *optimist* :

```
main()
{   void optimist (int) ;    /* prototype de la fonction optimist */
    int n = 2, p = 1 ;
    optimist (n) ;
    optimist (p) ;
    optimist (n+p) ;
}
void optimist (int nfois)
{   int i ;
    for (i=0 ; i<nfois ; i=i+1)
    printf ("il fait beau\n") ;
}
```

```
il fait beau
il fait beau
il fait beau
il fait beau
il fait beau
il fait beau
```

Remarque

Nous avons rencontré des situations extrêmes, à savoir :

• soit ce que l'on pourrait nommer une "fonction calcul", c'est-à-dire une fonction effectuant un calcul dont elle fournit le résultat,

• soit une "fonction action", c'est-à-dire une fonction ne fournissant aucun résultat mais réalisant une action.

Mais rien ne vous empêche de "mélanger les genres" (si ce n'est, parfois, le manque de lisibilité qui peut en découler) en réalisant une fonction qui accomplit certaines actions, tout en effectuant un calcul qu'elle fournit en résultat.

Exercice VIII.3

a) Écrivez les instructions permettant d'afficher un "triangle d'astérisques" se présentant ainsi (le nombre de lignes, ici 4, étant indiqué dans une variable nommée *nl*) :

```
*
**
***
****
```

b) Transformez ces instructions en une fonction nommée *triangle* recevant en paramètres le nombre de lignes souhaitées.

c) Écrivez un programme principal utilisant la fonction *triangle* ainsi obtenue, de façon à afficher le motif suivant :

```
*
**
*
**
***
*
**
***
****
```

3. Quelques règles

3.1 Les paramètres formels (muets) et les paramètres effectifs

Les paramètres figurant dans l'en-tête d'une fonction se nomment des "paramètres muets" (ou encore "paramètres formels"). Leur rôle est de permettre, au sein du corps de la fonction, de décrire ce qu'elle doit faire. Comme nous l'avons déjà dit, leur portée est limitée à la définition de la fonction concernée ; ils n'entrent donc pas en conflit avec d'éventuelles variables locales à d'autres fonctions (y compris *main*).

Les paramètres fournis lors de l'utilisation (l'appel) de la fonction se nomment des "paramètres effectifs". Comme le montrent nos précédents exemples, on peut utiliser n'importe quelle expression comme paramètre effectif ; au bout du compte, c'est la valeur de cette expression qui sera transmise à la fonction lors de son appel. Notez qu'une telle "liberté" n'aurait aucun sens dans le cas des paramètres formels : il serait impossible d'écrire un en-tête de fexple sous la forme *float fexple* (*float a+b, …*), pas plus qu'en mathématiques, vous ne définiriez une fonction f par $f(x+y)=5$!

3.2 L'instruction return

L'instruction *return* peut mentionner, non seulement un nom de variable, mais en fait n'importe quelle expression. Par exemple, notre fonction cube du paragraphe 1 aurait pu être définie de façon plus brève :

```
float cube (float x)
{ return (x * x * x) ;              /* les parenthèses ne sont pas
                                       indispensable */

}
```

Si le type de l'expression figurant dans *return* est différent du type du résultat tel qu'il a été déclaré dans l'en-tête, le compilateur n'indiquera pas d'erreur ; il mettra automatiquement en place des instructions de conversion appropriées, par exemple :

```
float f (...)
{ int n ;
     .....
   return n ;              /* la valeur de n sera convertie en
                              float pour constituer le résultat */
}
```

Le rôle de l'instruction *return* est double : d'une part, il précise la valeur qui sera fournie en résultat, d'autre part, il met fin à l'exécution des instructions de la fonction. Jusqu'ici, notre instruction *return* apparaissait comme la dernière de la définition de notre fonction, mais il est théoriquement possible de placer plusieurs instructions *return* dans une même fonction. Par exemple, une fonction déterminant le maximum de deux valeurs qui s'écrit ainsi avec une seule instruction *return* :

```
float max (float a, float b)
{ float m ;
   if (a>b) m = a ;
        else m = b ;
   return m ;
}
```

pourrait s'écrire ainsi, si l'on accepte d'utiliser plusieurs instructions *return* :

```
float max (float a, float b)
{ if (a>b) return a ;
        else return b ;
}
```

Lorsqu'une fonction ne fournit aucun résultat :

- soit on ne place aucun return dans sa définition ;

- soit on utilise l'instruction return sans la faire suivre d'une expression ;

 Il est toujours possible de ne pas utiliser le résultat d'une fonction, même si elle en produit un. Bien entendu, cela n'a d'intérêt que si la fonction fait autre chose que de calculer un résultat.

3.3 Le cas des fonctions sans paramètres

Si une fonction ne possède aucun paramètre, son en-tête et, donc, sa déclaration (prototype) doivent comporter le mot *void*, à la place de la liste des paramètres, par exemple :

```
int fexple1 (void)
```

est l'en-tête d'une fonction ne recevant aucun paramètre et fournissant un résultat de type entier. Sa déclaration (prototype) serait, bien sûr :

```
int fexple1 (void) ;
```

Ici, elle est identique à l'en-tête, au point-virgule près, puisque la fonction n'a aucun paramètre. De même :

```
void fexple2 (void)
```

est l'en-tête d'une fonction ne recevant aucun paramètre et ne fournissant aucun résultat. Son prototype serait simplement :

```
void fexple2 (void) ;
```

L'appel d'une fonction sans paramètres doit quand même comporter des parenthèses vides.Par exemple, l'appel de *fexple1* s'écrira *fexple1()* et non simplement *fexple1*.

À ce propos, notez bien que ce n'est pas parce qu'une fonction ne reçoit aucun paramètre que son comportement ne peut pas différer d'un appel à un autre ; en effet, elle peut très bien lire des informations en données, effectuer ce que l'on nomme des "calculs aléatoires", ou encore utiliser des variables globales (que nous étudierons un peu plus loin).

Exercice VIII.4

a) Écrivez la définition d'une fonction, nommée *bonjour*, qui se contente d'afficher le message *bonjour* chaque fois qu'on l'appelle.

b) Écrivez le prototype corrrespondant.

3.4 Le rôle du prototype et son emplacement

Nous avons déjà vu que l'instruction de déclaration qu'est le prototype sert à fournir au compilateur les informations nécessaires à la traduction des différents appels de la fonction (sans qu'il dispose des instructions de définition de cette fonction). Voici un premier exemple, assez naturel, où apparaît une conversion du résultat fourni par une fonction :

```
int fct (int) ;
int n, p ;
float y ;
   .....
p = fct (n) ;            /* le résultat fourni par fct est affecté
                            directement à p */
y = fct (n) ;            /* le résultat fournit par fct, de type
                            int, doit être converti en float
                            avant d'être affecté à y */
```

Mais, d'une façon générale, le prototype permet de mettre en place d'éventuelles conversions des valeurs des paramètres à transmettre à la fonction, par exemple :

```
float fct (float) ;
int n ; float y ;
   .....
y = fct (n) ;                   /* c'est le résultat de la conversion de
                                   la valeur de n en float qui
                                   sera transmis en paramètre à fct */
```

En ce qui concerne son emplacement, le prototype peut figurer :

- soit parmi les différentes déclarations situées au début d'une fonction (y compris *main*) ; il n'est alors connu que dans ladite fonction ; c'était le cas dans les exemples rencontrés jusqu'ici ;

- soit avant toutes les définitions de fonctions, à un niveau global (comme les variables globales dont nous parlerons un peu plus loin) ; dans ce cas, il est utilisable par toutes les fonctions du programme.

3.5 Initialisation des variables locales

Nous avons vu que les variables déclarées dans une fonction, dites locales à cette fonction, ne sont utilisables que depuis les instructions de la fonction.

Ces variables locales peuvent être initialisées lors de leur déclaration. Dans ce cas, il faut savoir que la valeur indiquée est placée dans la variable, non pas au moment de la compilation, mais à chaque appel de la fonction. Par exemple, avec cette définition :

```
void affiche (void)
{ int n = 10 ;
  printf ("%d", n) ;
  n = n + 1 ;
}
```

on obtiendra l'affichage de la valeur 10, à chaque appel de affiche.

Notez que les variables déclarées dans le programme principal (fonction *main*) sont dans ce cas mais on ne s'en rend pas vraiment compte, dans la mesure où, de par sa nature même, la fonction *main* n'est appelée qu'une seule fois. Tout se passerait donc de la même manière si ces variables étaient effectivement initialisées au moment de la compilation (c'est d'ailleurs ce que nous vous avions dit dans le chapitre III, par souci de simplicité).

3.6 Une fonction peut en appeler une autre

Rien n'empêche qu'une fonction appelle, à son tour, une autre fonction, comme dans ce canevas :

```
main()
{ int f1 (float) ;          /* prototype de f1 */
  .....
  f1 (...) ;                /* appel de f1 */
  .....
}
int f1 (float)
{ void f2 (int) ;           /* prototype de f2 */
  .....
  f2 (...) ;
  .....
}
```

Naturellement, il est nécessaire que les prototypes voulus soient connus aux endroits nécessaires (ici, les deux prototypes figurent au sein des uniques fonctions en ayant besoin ; ils auraient pu être regroupés avant la définition du *main*).

Notez cependant que, si les appels de fonctions peuvent ainsi s'"imbriquer", il n'en va pas de même de leurs définitions ; chaque définition de fonction est totalement indépendante des autres définitions de fonctions.

4. En langage C, les paramètres sont transmis par valeur

Jusqu'ici, nous avons parlé de transmission des paramètres effectifs à une fonction, sans trop insister sur la manière dont cette transmission était effectivement réalisée. Lorsque vous écrivez, par exemple :

```
m = max (5*n,p , 12) ;
```

il paraît généralement évident que la fonction max va recevoir les valeurs des expressions 5*n, p et 12. Mais les choses peuvent devenir plus subtiles, comme le montre l'exemple suivant :

```
main()
{
   void echange (int a, int b) ;
   int n=10, p=20 ;
   printf ("avant appel : %d %d\n", n, p) ;
   echange (n, p) ;
   printf ("après appel : %d %d", n, p) ;
}
```

```
void echange (int a, int b)
{
   int c ;
   printf ("début echange : %d %d\n", a, b) ;
   c = a ;
   a = b ;
   b = c ;
   printf ("fin echange : %d %d\n", a, b) ;
}
```

```
avant appel    : 10 20
début echange  : 10 20
fin echange    : 20 10
après appel    : 10 20
```

La fonction *echange* reçoit deux valeurs correspondant à ses deux paramètres muets *a* et *b*. Elle effectue un échange de ces deux valeurs. Mais, lorsque l'on est revenu dans le programme principal, aucune trace de cet échange ne subsiste sur les paramètres effectifs *n* et *p*.

En effet, lors de l'appel de *echange*, il y a eu transmission de la valeur des expressions *n* et *p*. On peut dire que ces valeurs ont été recopiées "localement" dans la fonction *echange* dans des emplacements nommés *a* et *b*. C'est effectivement sur ces copies qu'a travaillé la fonction *echange*, de sorte que les valeurs des variables *n* et *p* n'ont, quant à elles, pas été modifiées. C'est ce qui explique le résultat constaté.

On traduit cela en disant qu'en langage C :

les paramètres d'une fonction sont toujours transmis "par valeur"

Ce mode de transmission semble donc interdire a priori qu'une fonction produise une ou plusieurs valeurs "en retour", autres que celle de la fonction elle-même.

Or, il ne faut pas oublier qu'en C tous les "sous-programmes" doivent être écrits sous forme de fonction. Autrement dit, ce simple problème d'échange des valeurs de deux variables doit pouvoir se résoudre à l'aide d'une fonction.

Nous verrons que ce problème possède plusieurs solutions, à savoir :

▨ Transmettre en paramètre la "valeur" de l'"adresse" d'une variable. La fonction recevra, certes, toujours une copie de cette adresse, mais elle pourra éventuellement agir sur ce qui se trouve à cette adresse. C'est précisément ce que nous faisons lorsque nous utilisons la fonction *scanf*. Nous examinerons cette technique en détail dans le chapitre consacré aux "pointeurs".

▨ Utiliser des "variables globales", comme nous le verrons dans le prochain paragraphe ; cette deuxième solution devra toutefois être réservée à des cas exceptionnels, compte tenu des risques qu'elle présente.

5. Les variables globales

5.1 Notion de variable globale

En langage C, il est possible de définir ce que l'on nomme des variables globales. Il s'agit de variables qui sont simultanément accessibles à toutes les fonctions du programme (y compris le programme principal). Le terme de variable doit être pris ici au sens général, c'est-à-dire de variables scalaires ou de structures de données, telles que les tableaux.

Voyez cet exemple de programme :

```
int nfois ;    /* attention à l'emplacement de cette déclaration */
main ()
{ void optimist (void) ;
  nfois = 2 ; optimist () ;
  nfois = 3 ; optimist () ;
}
void optimist (void)
{ int i ;    /* i est locale à la fonction optimist */
  for (i=0 ; i<nfois ; i=i+1)
  printf ("il fait beau\n") ;
}
```

```
il fait beau
il fait beau
il fait beau
il fait beau
il fait beau
```

Vous constatez que la variable *nfois* a été déclarée avant la définition du programme principal et de la fonction *optimist*. Dans ces conditions, elle est accessible à la fois au programme principal et à la fonction *optimist*. Ainsi, le programme principal affecte à nfois des valeurs qui se trouvent utilisées par la fonction *optimist*.

En revanche, la variable *i* est restée locale à la fonction *optimist*. Elle n'est pas accessible depuis le programme principal.

Notez qu'ici la fonction *optimist* se contente d'utiliser la valeur de *nfois* mais rien ne l'empêcherait de la modifier. C'est précisément ce genre de remarque qui doit vous inciter à n'utiliser les variables globales que dans des cas limités. En effet, toute variable globale peut être modifiée insidieusement par n'importe quelle fonction ; on parle dans ce cas d'*effets de bord*.

Lorsque vous aurez à écrire des fonctions susceptibles de modifier la valeur de certaines variables, il sera beaucoup plus judicieux de prévoir d'en transmettre l'adresse en paramètre (comme vous apprendrez à le faire dans le prochain chapitre). En effet, dans ce cas, l'appel de la fonction montrera explicitement quelle est la variable qui risque d'être modifiée et, de plus, ce sera la seule qui pourra l'être.

5.2 Une variable globale peut être cachée

Nous avons dit que les variables locales ou les paramètres muets avaient une portée limitée à la définition de la fonction et qu'il n'existait donc pas de risques de conflit. En revanche, les variables globales, de par leur nature même, ont une portée qui s'étend à l'ensemble du programme. Le langage C vous autorise à utiliser un nom déjà attribué à une variable globale pour une variable locale ou un paramètre ; mais, dans ce cas, ce nom (local) "cache" la variable globale qui ne peut alors plus être utilisée.

En général, ce genre de choses est déconseillé. Voici un exemple qui vous présente deux manières dont une variable globale peut être cachée (volontairement ou non !) au sein d'une fonction ou du programme principal.

```
int n ;
int p ;
main ()
{   int n ;
    /* ici, n correspond à la variable n locale au programme
       principal tandis que p correspond à la variable globale */
}
void fct(float x, float p)
{   /* ici, n correspond à la variable globale tandis que p
       correspond au deuxième paramètre formel de fct */
}
```

Remarques Une variable globale peut, comme une variable locale, être initialisée lors de sa déclaration. Mais, cette fois, l'intialisation est réalisée une seule fois, au moment de la compilation (alors que, rappelons-le, les variables locales sont initialisées à chaque appel de la fonction où elles apparaissent). De plus, une variable globale non initialisée lors de sa déclaration est automatiquement initialisée à zéro par le compilateur (alors que les variables locales non initialisées sont indéfinies).

Les déclarations de variables ou de fonctions peuvent être soit globales, soit locales. Une telle distinction n'existe pas pour la directive *#define* ; rappelons, en effet, qu'elle s'applique (avant la compilation proprement dite), à tout le texte qui la suit, sans que la structure du programme n'intervienne en différentes fonctions.

VIII.5   Écrivez une fonction sans paramètres ni valeur de retour, nommée *init*, plaçant la valeur 1 dans les 10 éléments d'un tableau d'entiers nommé *t*, déclaré de façon globale. Peut-on utiliser la fonction *init* pour initialiser un autre tableau que *t* ?

6. Les fonctions prédéfinies

Le langage C dispose de beaucoup de fonctions "toutes prêtes", qu'on nomme souvent "fonctions prédéfinies" ou encore "fonctions de la bibliothèque standard". Parmi ces fonctions, nous avons déjà utilisé *printf* et *scanf*, sans toutefois insister sur le fait qu'il s'agissait de fonctions. Nous avons également brièvement parlé de *fabs* (fonction valeur absolue).

D'une manière générale, toutes ces fonctions sont directement utilisables au sein d'un programme, sans que vous ayez à en fournir la définition ; il suffit simplement qu'elles aient été convenablement déclarées. Pour ce faire, vous pouvez bien sûr introduire leur prototype, comme vous le feriez pour une fonction que vous avez vous-même écrite.

Mais il existe une démarche plus simple ; en effet, tous les prototypes de ces fonctions prédéfinies sont placés dans un certain nombre de fichiers qu'on nomme fichiers "en-tête" (en anglais *header*). Plus précisément, ces prototypes sont regroupés par "famille de fonctions" ; par exemple, dans le fichier en-tête de nom *stdio.h* (*stdio* est l'abréviation de *STanDard Input Output*), on trouve tous les prototypes des fonctions liées aux opérations d'entrées-sorties.

Pour introduire les prototypes d'un fichier en-tête, il suffit de mentionner son nom dans une instruction *#include*, par exemple :

```
#include <stdio.h>
```

On pourrait éventuellement placer une telle instruction au début de chaque fonction ayant besoin des prototypes correspondants. Cependant, il vaut mieux la placer avant toute définition de fonction ou du programme principal (comme les variables globales) ; dans ce cas, en effet, les protoypes ainsi incorporés sont accessibles à toutes les fonctions qui suivent.

Bien entendu, pour utiliser une fonction prédéfinie, il est nécessaire de connaître le type de ses paramètres, celui de son éventuel résultat et le nom du fichier en-tête qui en contient le prototype.

À titre indicatif, voici quelques fonctions mathématiques prédéfinies, dont les prototypes figurent dans *math.h* ; elles possèdent toutes un seul paramètre flottant et elles fournissent un résultat flottant : *sin* (sinus), *cos* (cosinus), *tan* (tangente), *exp* (exponentielle), *log* (logarithme népérien), *log10* (logarithme à base 10), *sqrt* (racine carrée), *fabs* (valeur absolue).

L'absence de déclaration d'une fonction telle que *printf* ou *scanf* n'a généralement pas d'incidence sur la compilation du programme qui les utilise ; l'explication est assez technique et liée au fait que ces fonctions ont des paramètres dont le type, hormis le premier qui est le format, n'est pas connu à la compilation. C'est la raison pour laquelle nous avons pu nous passer jusqu'à maintenant de l'instruction *#include <stdio.h>*. Il n'en va pas de même pour la plupart des autres fonctions.

7. Cas des tableaux à une dimension transmis en paramètre d'une fonction

Le langage C vous permet de transmettre un tableau en paramètre d'une fonction. Dans ce cas, il faut savoir que le mécanisme de transmission de l'information associée permet à la fonction d'agir directement sur le tableau, c'est-à-dire d'en modifier les valeurs, ce qui peut paraître contraire à ce que nous avons dit à propos de la transmission par valeur. En fait, nous verrons plus tard que cette contradiction n'est qu'apparente et liée à la manière dont le langage C considère les noms de tableaux.

Par ailleurs, dès lors qu'on sait réaliser une fonction travaillant sur un tableau, on a fort envie de pouvoir utiliser la même fonction pour des tableaux dont la taille peut varier d'un appel à un autre ; en fait, si cela ne pose guère de problèmes pour des tableaux à une dimension, il n'en va plus tout à fait de même pour les autres.

Nous étudierons donc séparément le cas des tableaux à une dimension des tableaux à plusieurs dimensions ; de plus, dans le premier cas, nous commencerons par le cas des fonctions prévues pour des tableaux ayant toujours la même taille avant d'aborder le cas plus général des fonctions prévues pour des tableaux dont la taille peut changer d'un appel à un autre.

7.1 Cas des paramètres tableau à une dimension de taille fixe

a) Exemple

Considérons la situation suivante, dans laquelle :

▪ nous définissons une fonction nommée *raz*, chargée de placer des zéros dans un tableau de 5 entiers qu'on lui fournit en paramètre :

```
void raz (int v[5])
{ int i ;
  for (i=0 ; i<5 ; i=i+1)
    v[i] = 0 ;
}
```

■ nous l'utilisons pour un tableau nommé *t1*.

```
main()
{ .....
   int t1[5] ;
.....
   void raz (int [5]) ;     /* prototype de la fonction raz */
   .....
   raz (t1) ;               /* appel de raz, à laquelle on
                               transmet en paramètre le tableau t1 */

}
```

Notez que le prototype de raz doit spécifier le type de son paramètre ; ici, il s'agit de *int[5]* ; cette notation peut surprendre mais, en fait, elle découle, comme d'habitude, de l'en-tête de la fonction, en éliminant le nom du paramètre.

Cette fois, lors de l'appel de *raz*, il n'y a pas recopie des valeurs de *t1* au sein de la fonction ; le mécanisme utilisé est tel que tout se passe comme si, au bout du compte, la fonction *raz* travaillait directement avec le tableau mentionné lors de l'appel. Voici un exemple complet reprenant le canevas précédent, montrant comment les valeurs du tableau ont bien été modifiées par la fonction :

```
main()
{   int i ;
   int t1[5] = { 1, 2, 3, 4, 5 } ;   /* initialisation du tableau */
   void raz (int [5]) ;              /* prototype de la fonction raz */
   printf ("tableau t1 avant appel de raz : ") ;
   for (i=0 ; i<5 ; i=i+1) printf ("%d ", t1[i]) ;
   printf ("\n") ;
   raz (t1) ;                        /* appel de raz, à laquelle on transmet
                                        en paramètre le tableau t1 */
   printf ("tableau t1 après appel de raz : ") ;
   for (i=0 ; i<5 ; i=i+1) printf ("%d ", t1[i]) ;
}
void raz (int v[5])
{ int i ;
   for (i=0 ; i<5 ; i=i+1)
     v[i] = 0 ;
}
```

```
tableau t1 avant appel de raz :  1 2 3 4 5
tableau t1 après appel de raz :  0 0 0 0 0
```

b) Le mécanisme

Si l'on s'intéresse de plus près à la manière dont le tableau est transmis en paramètre à la fonction, il faut savoir que :

- pour le compilateur, un nom de tableau (par exemple *t1*) est identique à son adresse, c'est-à-dire à l'adresse de son premier élément (ici, *&t1[0]*) ;

- l'appel *raz (t1)* provoque la transmission à la fonction *raz*, de la valeur du paramètre *t1*, c'est-à-dire en fait de l'adresse du tableau *t1* (il y a bien toujours mécanisme de transmission par valeur, mais cette valeur se trouve être celle d'une adresse) ;

- dans la fonction *raz*, à chaque appel, le symbole *t* est remplacé par sa "valeur", c'est-à-dire en l'occurrence l'adresse reçue en paramètre ; ainsi, une affectation telle que :

```
v[i] = 0 ;
```

- est traduite en : affecter au *i-ème* entier, à partir de l'adresse *v*, la valeur 0.

En définitive, on voit bien qu'il n'y a qu'un seul mécanisme de transmission des paramètres, à savoir par recopie de la valeur au sein de la fonction.

c) Variantes possibles dans l'en-tête et le prototype de la fonction

En fait, au sein de la fonction *raz*, le compilateur n'a pas à réserver de place pour le paramètre tableau qu'est *v* ; en effet :

- d'une part, le tableau sur lequel travaillera effectivement la fonction aura vu son emplacement réservé au sein du programme principal (ou d'une autre fonction appelant *raz*),

- d'autre part, il n'est pas prévu de recopier les valeurs dudit tableau au sein de la fonction *raz*.

En fait, au sein de la fonction *raz*, le compilateur doit simplement être en mesure de localiser correctement l'emplacement de *v[i]* ; pour ce faire, il n'a nullement besoin de connaître la dimension exacte du tableau ; il lui suffit de savoir qu'il s'agit d'un tableau d'entiers. C'est la raison pour laquelle vous n'êtes pas obligé, dans un en-tête ou un prototype de fonction, de préciser la taille des tableaux à une dimension. Notre fonction précédente pourrait tout aussi bien s'écrire :

```
void raz (int v[])
{ int i ;
  for (i=0 ; i<5 ; i=i+1)
      v[i] = 0 ;
}
```

et son prototype pourrait être l'un des suivants :

```
void raz (int []) ;
void raz (int [5] ) ;
```

7.2 Cas des paramètres tableau à une dimension de taille variable

Compte tenu du mécanisme utilisé pour la transmission des tableaux en paramètre, vous voyez qu'une fonction peut, sans problème, traiter des tableaux de taille quelconque, pour peu qu'elle connaisse effectivement cette taille ; la meilleure façon d'y parvenir étant de transmettre également cette taille en paramètre.

Voici comment adapter notre fonction *raz* précédente dans ce sens :

```
void raz (int v[], int nelem)
{ int i ;
   for (i=0 ; i<nelem ; i=i+1)
      v[i] = 0 ;
}
```

Et voici quelques exemples d'utilisation (notez, dans le prototype de *raz*, le type *int [ ]* qui correspond à un tableau à une dimension d'entiers ; là encore, il découle de l'en-tête correspondant en éliminant de int *v[ ]*, le nom de tableau *v*) :

```
main()
{ int t1[10], t2[15], t3[100] ;
   void raz (int [], int) ;   /* prototype de raz */
.....
   raz (t1, 10) ;           /* mise à zéro des 10 éléments de t1 */
   raz (t2, 15) ;           /* mise à zéro des 15 éléments de t2 */
   raz (t3, 100) ;          /* mise à zéro des 100 éléments de t3 */
.....
}
```

Remarques

Rien ne vous interdit, par mégarde, de demander à *raz* de traiter plus d'éléments que vous n'en avez réservés, comme dans :

```
int t_petit [5] ;
raz (t_petit, 200) ;
```

dans ce cas, il y aura écrasement de 195 (200-5) valeurs situées au-delà du tableau *t_petit* ; on retrouve là les risques habituels inhérents au "débordement d'indice".

Rien ne vous empêche de ne traiter qu'une partie des éléments d'un tableau, en écrivant, par exemple :

```
raz (t1, 4) ;/* mise à zéro des 4 premiers éléments de t1 */
```

Rien ne vous empêche d'écrire :

```
raz (&t1[0], 10) ;
```

au lieu de :

```
raz (t1, 10) ;
```

Qui plus est, il serait possible de procéder ainsi pour mettre à zéro 5 éléments consécutifs de *t1*, à partir du troisième (d'indice 2) :

```
raz (&t1[2], 5) ;      /* mise à zéro de 5 éléments de t1,
                          à partir du troisième */
```

Notre fonction *raz* avait deux particularités : elle ne fournissait pas de résultat et elle modifiait les valeurs du tableau reçu en paramètre. L'exercice suivant vous propose une situation différente.

Exercice   VIII.6   Écrivez une fonction nommée *max_tab* fournissant en résultat la valeur maximale d'un tableau d'entiers ; on prévoira en paramètres à la fois le tableau concerné et son nombre d'éléments. Écrivez un petit programme principal utilisant cette fonction.

---

8. Cas des tableaux à deux dimensions transmis en paramètres d'une fonction

Voici un exemple de définition d'une fonction qui place la valeur 1 dans chacun des éléments d'un tableau à deux dimensions de 20 éléments (5 fois 4) :

```
raun (int t[5][4])
{  int i, j ;
   for (i=0 ; i<5 ; i=i+1)
      for (j=0 ; j<4 ; j=j+1)
         t[i][j] = 1 ;
}
```

Voici quelques exemples d'utilisation de cette fonction :

```
main ()
{  int tab [5] [4] ;
   int truc [5] [4] ;
   .....
   raun (tab) ;
   raun (truc) ;
}
```

Bien entendu, le mécanisme décrit précédemment pour les tableaux à une dimension s'applique toujours ici : la fonction *raun* recevra, en fait, l'adresse de début d'un tableau ; les deux appels pourraient être remplacés par :

```
raun (&tab[0][0]) ;
raun (&truc[0][0]) ;
```

Mais si, pour localiser tous les éléments d'un tableau à une dimension, il suffit au compilateur de connaître son adresse et son type, pour un tableau à deux dimensions, en revanche, les choses sont moins simples. En effet, il faut tenir compte de la manière dont ses éléments sont rangés en mémoire, à savoir en faisant se succéder ses différentes lignes ; par exemple, pour un tableau déclaré ainsi :

```
float t[5] [3] ;/* 5 lignes de 3 éléments */
```

les éléments se succéderont ainsi, à partir de l'adresse de début du tableau :

```
    t[0][0]
    t[0][1]
    t[0][2]
    t[1][0]
    t[1][1]
    t[1][2]
      ....
    t[4][0]
    t[4][1]
    t[4][2]
```

Ainsi, pour localiser convenablement un élément donné, il faudra connaître, en plus de l'adresse de début du tableau, le nombre d'éléments d'une ligne (le nombre d'éléments des colonnes étant, en revanche, inutile).

Dans ces conditions, on voit que l'en-tête de *raun* pourra éventuellement ne pas préciser le nombre de lignes :

```
raun (int t[][3])
```

En revanche, il n'est pas possible de l'écrire :

```
raun (int t[][])/* en-tête incorrect */
```

On voit que si l'on souhaite réaliser une fonction traitant des tableaux à deux dimensions de taille variable, les choses ne resteront possibles que si seule la première dimension est susceptible de varier, la seconde restant fixe ; cela enlève manifestement beaucoup d'intérêt à la chose. On peut toutefois traiter une telle situation en considérant un tableau à deux dimensions comme un tableau à une seule dimension et en effectuant soi-même les "calculs d'adresse" permettant d'en localiser les différents éléments ; nous n'insisterons pas davantage sur ces techniques qui sortent du cadre de cet ouvrage.

Résumé

Une fonction est un ensemble d'instructions, doté d'un nom et pouvant éventuellement comporter des paramètres. On peut l'appeler (en provoquer l'exécution) depuis une autre fonction (éventuellement de la fonction main correspondant au "programme principal") en citant son nom, suivi, entre parenthèses, d'une liste de paramètres, à condition d'avoir préalablement déclaré cette fonction par un prototype (qui peut figurer, soit à un niveau local, soit à un niveau global).

Il existe deux grandes classes de fonctions :

■ celles qui ne renvoient pas de résultat (fonction action) ; leur appel ne peut se faire que sous forme d'une instruction simple comme :

```
fct (n, a) ;
```

■ celles qui fournissent un résultat ; leur appel peut se faire, soit comme précédemment (leur résultat n'est alors pas utilisé), soit au sein d'une expression arithmétique, comme dans :

```
z = fct(n, x) * 2 + s ;
```

Dans la définition d'une fonction :

■ L'en-tête précise son nom, le type des paramètres (dits alors muets) et le type de sa valeur de retour ; on utilise le mot *void* pour indiquer l'absence de paramètres ou de valeur de retour.

■ On peut déclarer des variables qui sont alors dites locales à la fonction, utilisables uniquement dans les instructions de la fonction.

Dans l'utilisation d'une fonction, les paramètres mentionnés (dits alors effectifs) peuvent l'être sous la forme d'une expression quelconque. C'est leur valeur qui est transmise à la fonction.

Dans un programme (ensemble de fonctions), on peut fournir les fonctions dans l'ordre de son choix ; en particulier, la fonction *main* ne figure pas obligatoirement en premier.

On peut définir des variables globales, en les déclarant avant toute fonction, y compris la fonction main. Ces variables sont accessibles à toute fonction qui peut éventuellement en modifier la valeur.

Il existe un grand nombre de fonctions prédéfinies qu'on peut utiliser en incorporant le prototype à l'aide d'une instruction *#include* appropriée.

Lorsqu'un tableau est mentionné en paramètre effectif, c'est en fait la valeur de son adresse qui est transmise à la fonction. Cette dernière peut alors, contrairement à ce qui se passe pour les variables scalaires, modifier le contenu de ce tableau.

Dans le cas d'un tableau à une dimension mentionné en paramètre muet, la dimension est sans importance et elle peut éventuellement être omise de l'en-tête et du prototype. Il est facile de réaliser une fonction travaillant avec des tableaux à une dimension dont le nombre d'éléments peut différer d'un appel à un autre.

Dans le cas d'un tableau à deux dimensions indiqué en paramètre muet, seule la première dimension est sans importance et peut, éventuellement, être omise de l'en-tête et du prototype.

Si l'on souhaite qu'une fonction modifie la valeur d'une variable scalaire, il faudra utiliser un pointeur, ce que nous apprendrons à faire dans le prochain chapitre.

Chapitre 9

Les pointeurs

Nous avons déjà vu que & était un opérateur un peu particulier, fournissant l'adresse de la variable mentionnée à sa suite. Nous l'utilisons d'ailleurs fréquemment dans l'instruction de lecture *scanf*.

Or, en fait, nous savons maintenant que *scanf* est une fonction et nous voyons que, par le biais de l'opérateur &, nous avons pu lui fournir, non plus la valeur d'une variable ou d'une expression, mais l'adresse d'une variable. C'est précisément ce qui a permis à *scanf* de nous placer une information à cette adresse.

Or, pour l'instant, nous ne savons pas comment réaliser une fonction qui, comme *scanf*, serait capable de modifier le contenu d'une variable d'adresse donnée. C'est précisément la notion de pointeur, que nous allons étudier ici, qui va nous fournir la solution.

Dans un premier temps, nous commencerons par étudier cette notion en elle-même. Nous verrons ensuite comment l'exploiter au sein d'une fonction, afin d'agir sur une variable dont elle aura reçu l'adresse. Notamment, nous verrons comment résoudre le problème de l'échange des valeurs de deux variables, rencontré dans le paragraphe 4 du précédent chapitre.

1. Notion de pointeur

En langage C, il est possible de définir une variable destinée à contenir une adresse. On pourrait dire qu'une telle variable est de type pointeur. En fait, ceci n'est pas assez précis, car le langage C distingue plusieurs types de pointeurs en se basant sur le type des informations qu'on trouvera à l'adresse indiquée : caractères, entiers, flottants…

1.1 La déclaration d'une variable pointeur

Voici une déclaration d'une variable nommée *adi*, destinée à contenir l'adresse d'un entier et dont on dit qu'il s'agit d'une variable du type pointeur sur des entiers :

```
int * adi ;
```

Nous verrons plus loin que * est un opérateur particulier qui désigne la valeur située à l'adresse qui le suit. Ainsi, à simple titre mnémotechnique, on peut dire qu'ici * *adi* est de type *int* et, donc, que *adi* est un pointeur sur un entier.

Notez bien que, la déclaration de *adi* ne comportant pas d'initialisation, la valeur de *adi*, lors de l'entrée dans le programme, sera imprévisible (comme pour n'importe quelle autre variable non initialisée).

1.2 L'opérateur &

Nous pouvons affecter une valeur à *adi*, comme à n'importe quelle variable, pourvu que cette valeur soit d'un type approprié, c'est-à-dire ici du type pointeur sur un entier. Par exemple, si nous avons déclaré, au sein du même programme :

```
int n = 20 ;
```

l'exécution de l'instruction :

```
adi = &n ;/* on peut écrire indifféremment &n ou & n */
```

va affecter à *adi*, l'adresse de notre variable *n* (rappelons que & est un opérateur "unaire" qui fournit l'adresse de la variable figurant à sa suite). On dit qu'alors *adi* pointe sur *n*.

On peut schématiser ainsi la situation "avant" et "après" l'exécution de notre précédente affectation :

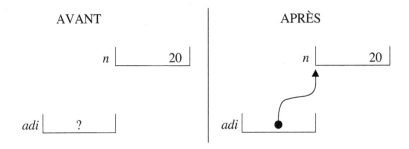

1.3 L'opérateur *

L'opérateur * joue un rôle symétrique de l'opérateur &. En effet, il s'applique à une variable d'un type pointeur quelconque, c'est-à-dire pointant sur une information de type quelconque, et il désigne l'information ainsi pointée.

Par exemple, après notre affectation précédente *adi = &n*, si la variable *p* est supposée de type *int*, l'affectation :

```
p = * adi ; /* on peut écrire indifféremment *adi ou * adi */
```

affecte à *p* la valeur désignée par * *adi*, c'est-à-dire ici la valeur de *n*, soit 20. De même :

```
printf ("%d", *adi) ;
```

affichera la valeur 20.

D'une façon similaire :

```
* adi = 30 ;
```

affectera à l'entier pointé par *adi* la valeur 30. Attention, on ne modifie pas ici la valeur de *adi* (une telle modification serait possible, mais, comme nous le verrons, elle devra se faire par une affectation de la forme *adi =*) mais bien celle de l'information pointée. Bien entendu, ici nous aurions obtenu le même résultat en écrivant directement *n = 30* (l'exemple considéré n'avait pas d'autre prétention que de vous familiariser avec la notion de pointeur).

Voici un schéma récapitulatif, montrant l'évolution de la situation, au fur et à mesure qu'on exécute certaines instructions ; rappelons les déclarations sur lesquelles il se base :

```
int n = 20 ;
int p ;
int * adi ;
```

Nous indiquons, en dessous de chaque affectation, l'état obtenu après son exécution (par rapport aux exemples cités précédemment, nous avons introduit une affectation supplémentaire *adi = &p* montrant qu'on peut modifier la valeur d'un pointeur, au fil de l'exécution d'un programme) :

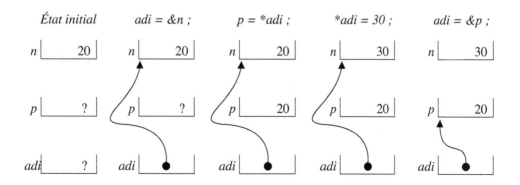

Remarques On ne peut pas attribuer une signification unique à une notation telle que * *adi* ; en effet :

- dans une expression, la notation * *adi* désigne la valeur de l'information pointée par *adi* ; c'est le cas dans l'affectation *p* = * *adi* ;

- à gauche d'une affectation, la notation * *adi* désigne l'*information* pointée par *adi* ; c'est le cas dans l'affectation * *adi* = *30*.

En fait, la même remarque s'applique à un nom de variable ; dans une expression, il en représente la valeur, à gauche d'une affectation, il désigne la variable qu'on souhaite modifier. Mais, dans ce cas, les choses paraissent naturelles.

En revanche, il y a bien équivalence entre * *adi* et une variable entière, y compris au niveau de la mise en place d'éventuelles conversions. Ainsi, notamment, avec :

```
* adi = 4.6 ;
```

il y a bien conversion de la valeur flottante 4.6 en entier, et le résultat (4) est affecté à * *adi*. De même, si *x* est supposée de type *float*, avec :

```
x = * adi ;
```

il y a conversion en flottant de la valeur entière pointée par *adi*, avant affectation à la variable *x*.

La priorité de l'opérateur unaire * est plus élevée que celle des opérateurs arithmétiques, de sorte que, par exemple, l'expression :

```
2 * * adi
```

est interprétée comme :

```
2 * (* adi)
```

c'est-à-dire comme le produit de * *adi* par 2. Pour rendre une telle expression plus lisible, en général, plutôt que de placer des parenthèses inutiles comme dans la deuxième écriture, on "joue" sur la présence ou l'absence d'espaces supplémentaires, en l'écrivant ainsi (pour bien montrer que le second opérateur * s'applique à *adi*) :

```
2 * *adi
```

Notez que les écritures *2**adi*, *2 **adi* ou *2** adi* sont correctes mais relativement illisibles !

1.4 Quelques précautions

a) Lorsque l'on déclare simultanément plusieurs pointeurs

Lorsque l'on souhaite déclarer, dans une même instruction, plusieurs pointeurs de même type, par exemple des pointeurs sur des caractères, il ne faut surtout pas écrire :

```
char * adc1, adc2 ;
```

En effet, dans ce cas *adc1* serait certes un pointeur sur des caractères (*car * adc1* est de type *char*) mais, en revanche, *adc2* serait tout simplement de type *char*. Si l'on souhaite que *adc2* soit également un pointeur sur des caractères, il faudra écrire :

```
char * adc1, * adc2 ;
```

b) Réserver un pointeur ne réserve pas un emplacement pour une information pointée

Lorsque l'on réserve l'emplacement pour une variable pointeur, comme dans :

```
int * adi ;
```

on ne réserve pas pour autant un emplacement pour un entier. D'ailleurs, comme nous l'avons déjà dit, la valeur (donc l'adresse) contenue alors dans *adi* est imprévisible. Si, suite à notre déclaration, nous introduisons une affectation telle que :

```
* adi = 12 ;
```

alors que nous n'avons affecté aucune valeur à *adi*, nous allons en fait demander de placer la valeur 12 à un emplacement quelconque. Généralement, ce genre d'anomalie n'est pas détecté par le compilateur (pas plus que ne sont détectées les variables indéfinies en général). Suivant la machine utilisée et suivant les circonstances, vous pourrez aboutir, lors de l'exécution :

- dans le meilleur des cas, à un diagnostic lié au fait que l'adresse en question n'est pas accessible à votre programme ;

- à l'écrasement d'un emplacement quelconque de votre programme, avec des conséquences imprévisibles et plus ou moins désastreuses (écrasement d'une autre donnée, destruction d'une instruction et "plantage" différé…).

2. Affectations de pointeurs

Nous avons déjà vu comment affecter une valeur à une variable de type pointeur (nous parlerons souvent de "pointeur" tout court), à l'aide de l'opérateur &, comme dans *adi = &n*. D'une manière générale, on peut affecter à un pointeur la valeur d'un autre pointeur de même type. Voici quelques exemples que nous vous conseillons d'étudier en faisant un schéma (comme nous l'avons fait dans le paragraphe 1.3) :

```
int * ad1, * ad2 ;          /* attention à ne pas écrire :
                               int * ad1, ad2 ; */
int n=1, p=2, q=3 ;
ad1 = &n ;                  /* ad1 pointe sur n */
ad2 = &p ;                  /* ad2 pointe sur p */
```

```
*ad1 = *ad2 + 3 ;              /* même rôle ici que n = p+3 ;
                                  n contient maintenant 5 */

ad1 = ad2 ;                    /* ad1 et ad2 pointent maintenant
                                  tous les deux sur p */

*ad1 = *ad2 + 5 ;              /* même rôle ici que p = p+5 ;
                                  ou que *ad1 = *ad1 + 5 ; */
```

Il n'est pas permis d'affecter la valeur d'un pointeur d'un certain type à une variable pointeur d'un type différent. Par exemple, avec :

```
char * adc ;    /* adc est du type pointeur sur des caractères */
int * adi ;     /* adi est du type pointeur sur des entiers */
```

les affectations suivantes seraient incorrectes et provoqueraient une erreur de compilation :

```
adi = adc ;     /* incorrect */
adc = adi ;     /* incorrect */
```

On notera que cette interdiction met bien en évidence la différence existant entre la notion de pointeur et celle d'adresse. Un pointeur contient une adresse mais, de surcroît, il possède un type…

Remarque

L'opérateur &, appliqué à une variable, fournit en fait une valeur (constante) d'un type "pointeur sur des informations du type de cette variable" (jusqu'ici, nous nous étions contenté de dire qu'il s'agissait d'une adresse, sans préciser son type exact). Ainsi, avec ces déclarations :

```
int n ;
char * adc ;
```

l'instruction suivante est illégale :

```
adc = &n ; /* interdit : &n est du type int *, adc est du type char * */
```

3. Comment "simuler" une transmission par adresse avec un pointeur

Dans le paragraphe 4 du précédent chapitre, nous avons vu que le mode de transmission par valeur semblait interdire à une fonction de modifier la valeur de ses paramètres effectifs. Nous avions illustré ce point avec une fonction nommée echange qui ne parvenait pas à échanger les valeurs de deux variables. Nous avions alors mentionné que les pointeurs fourniraient une solution à ce problème.

Nous sommes effectivement maintenant en mesure d'écrire une fonction effectuant la permutation des valeurs de deux variables :

```
#include <stdio.h>
main()
{
    void echange (int * ad1, int * ad2) ;
    int a=10, b=20 ;
    printf ("avant appel %d %d\n", a, b) ;
    echange (&a, &b) ;
    printf ("après appel %d %d", a, b) ;
}
void echange (int * ad1, int * ad2)
{
    int x ;
    x = * ad1 ;
    * ad1 = * ad2 ;
    * ad2 = x ;
}
```

```
avant appel 10 20
après appel 20 10
```

Les paramètres effectifs de l'appel de echange sont, cette fois, les adresses des variables *n* et *p* (et non plus leurs valeurs). Notez bien que la transmission se fait toujours par valeur, à savoir que l'on transmet à la fonction echange les valeurs des expressions *&n* et *&p*.

Voyez comme, dans echange, nous avons indiqué, comme paramètres muets, deux variables pointeurs destinées à recevoir ces adresses. D'autre part, remarquez bien qu'il n'aurait pas fallu se contenter d'échanger simplement les valeurs de ces pointeurs en écrivant (par analogie avec la fonction echange du chapitre précédent) :

```
int * x ;
x = ad1 ;
ad1 = ad2 ;
ad2 = x ;
```

Cela n'aurait conduit qu'à échanger (localement) les valeurs de ces deux adresses alors qu'il a fallu échanger les valeurs situées à ces adresses.

Remarques

Nous vous avons présenté l'utilisation de pointeurs en paramètres d'une fonction dans le but de permettre à la fonction de modifier les informations ainsi pointées. On peut très bien imaginer des situations dans lesquelles la fonction en question ne modifie pas les informations pointées : qui peut le plus peut le moins ! Bien entendu, dans ce dernier cas, l'emploi d'un pointeur n'est plus indispensable…

Rappelons que la façon dont sont gérés les tableaux transmis en paramètres permet leur modification par la fonction, sans qu'il soit besoin de recourir explicitement à des pointeurs.

On prendra cependant soin de bien distinguer les deux situations suivantes :

– une fonction possède un paramètre de type tableau : elle peut en modifier les différentes valeurs,

– une fonction possède un paramètre formel de type pointeur sur un scalaire et on lui transmet l'adresse d'un élément d'un tableau de même type : elle peut modifier cet élément, comme elle le ferait avec n'importe quelle autre variable scalaire. L'exercice suivant vous en donne un exemple.

Exercice IX.1

Soit un tableau déclaré, dans le programme principal, par :

```
#define NEL 100
main()
{   .....
    int tab[NEL] ;
    .....
}
```

Écrivez les instructions permettant d'en effectuer le tri, en faisant appel à la méthode exposée dans le paragraphe 5 du chapitre consacré aux tableaux, et en utilisant la fonction *echange* précédente pour procéder à l'échange de deux éléments.

Exercice IX.2

Écrivez une fonction nommée *maxmin* permettant de déterminer la valeur maximale et la valeur minimale d'un tableau de flottants. La fonction ne fournira aucun résultat ; elle devra donc comporter en paramètre, outre le tableau et son nombre d'éléments, deux pointeurs sur des variables de type flottant, destinées à recevoir la plus grande et la plus petite des valeurs du tableau.

Résumé

En langage C, on peut définir des variables de type "pointeur sur des informations d'un type donné". Par exemple:

```
int * adi ;       /* adi est un pointeur sur des entiers */
char * adcar ;    /* adcar est un pointeur sur des caractères */
```

Quand on déclare plusieurs pointeurs de même type dans une même instruction, il ne faut pas omettre les * ; ainsi :

```
float * p1, p2 ;
```

déclarerait une variable *p1*, de type pointeur sur des flottants et une variable *p2*, de type *float*.

La déclaration d'un pointeur n'entraîne pas la réservation d'un emplacement pour une information pointée.

L'opérateur & permet d'obtenir l'adresse d'une variable (ou plus précisément, une valeur constante du type "pointeur sur des informations du type de cette variable"). Réciproquement, l'opérateur * permet d'obtenir le contenu de l'information pointée par un pointeur.

On ne peut affecter à un pointeur qu'une valeur de même type (autrement dit, le type des informations pointées doit être le même).

Lorsqu'une fonction doit modifier la valeur d'un paramètre, on lui transmet l'adresse de la variable concernée. Dans la définition de la fonction, on utilise l'opérateur * pour agir sur le contenu de l'emplacement dont on a reçu l'adresse.

Chapitre 10

Les chaînes de caractères

Une chaîne de caractères est une suite de caractères quelconques. Jusqu'ici, nous avons utilisé de telles chaînes dans les formats des instructions *scanf* ou *printf*. Par exemple, la notation *"n = %d"* correspondait à une chaîne formée de 6 caractères (n, espace, =, espace, % et d) ; de même, la notation "bonjour\n" correspondait à une chaîne formée de 8 caractères (b, o, n, j, o, u, r et fin de ligne).

Mais les chaînes que nous avons utilisées sous cette forme pourraient être qualifiées de "constantes" ; en effet, la suite des caractères qui les composait était parfaitement définie et n'était pas susceptible de varier.

Dans certaines situations, on aimerait disposer de variables capables d'accueillir des chaînes de caractères susceptibles d'évoluer (à la fois en contenu et en nombre de caractères) au fil de l'exécution du programme. Certains langages disposent à cet effet d'un "type chaîne".

Le langage C, quant à lui, ne comporte pas de véritable type chaîne ; certes, avec ce que nous avons étudié jusqu'ici, il est possible de placer une suite de caractères dans un tableau de caractères (éléments de type *char*). Cependant, quelques contraintes apparaissent alors :

- nous ne savons pas comment gérer des chaînes dont la longueur serait différente de la dimension du tableau,

- la lecture ou l'écriture des caractères de notre tableau devraient se faire caractère par caractère et non globalement.

En fait, le langage C vous offre quelques outils facilitant la manipulation de telles chaînes, pour peu qu'on respecte une convention particulière pour leur représentation, à savoir "marquer" leur fin d'un caractère spécial de code 0. Dans ce cas, en effet, vous pourrez :

- lire ou écrire globalement une chaîne, en faisant appel, soit aux fonctions *scanf* ou *printf* et à un code de format approprié, soit à de nouvelles fonctions spécifiques (*gets* et *puts*) ;

- réaliser des traitements propres aux chaînes, tels que les comparaisons, la recopie, la concaténation, en faisant appel à des fonctions prévues à cet effet.

Nous verrons que la notation correspondant à ce que nous avons appelé une "constante chaîne" amène le compilateur à créer une suite de caractères respectant la convention évoquée ; il sera ainsi possible de l'employer comme paramètre des fonctions de manipulation des chaînes et, donc, de disposer en quelque sorte de constantes du "faux type chaîne".

Enfin, nous apprendrons comment manipuler des tableaux de chaînes.

1. Comment lire ou écrire des chaînes

1.1 Avec les fonctions usuelles scanf ou printf

Soit un tableau de caractères déclaré par :

```
char nom [30] ;
```

L'instruction :

```
scanf ("%s", nom) ;   /* ou scanf ("%s", &nom[0]) ; */
```

va lire une suite de caractères au clavier pour les ranger dans le tableau nom, en commençant à partir de *nom [0]* et en ajoutant automatiquement, à la suite, un caractère de fin de chaîne (caractère de code *nul*).

Le code de format *%s* fonctionne comme les codes de format numériques, et non comme le code de format *%c*. Autrement dit, il commence par "sauter" les délimiteurs éventuels (espace ou fin de ligne) et il s'interrompt à la rencontre de l'un de ces délimiteurs ; il ne permet donc pas de lire des chaînes contenant des espaces. Nous verrons que, pour y parvenir, il faut utiliser une fonction spécialisée nommée *gets*.

De même, l'instruction :

```
printf ("%s", nom) ;   /* ou printf ("%s", &nom[0]) ; */
```

va afficher à l'écran, les caractères trouvés dans le tableau *nom*, en commençant par *nom[0]* et en s'interrompant à la rencontre d'un caractère de fin de chaîne.

Bien entendu, le code de format *%s* peut être utilisé comme n'importe quel autre code de format et donc, en particulier, cohabiter (avec plus ou moins de bonheur !) avec d'autres codes de format (*%d*, *%e*, *%c*...).

Lorsque vous lisez une chaîne de *n* caractères, il faut prévoir un emplacement d'au moins *n* + 1 caractères, compte tenu du caractère supplémentaire de fin de chaîne.

Une chaîne peut très bien ne contenir aucun caractère (autre que celui de fin) ; on parle de "chaîne vide".

Les remarques faites à propos des risques de débordement d'un tableau s'appliquent également ici. Dans notre exemple de lecture, si l'utilisateur fournit une suite de plus de 29 caractères (ce qui fait 30 avec le caractère de fin de chaîne), il y aura écrasement d'emplacements situés au-delà de la fin du tableau nom.

De manière similaire, le code *%s* amène *printf* à prélever des caractères à partir d'un certain emplacement, en ne s'interrompant qu'à la rencontre d'un caractère de fin de chaîne. Si un tel caractère n'a pas été effectivement introduit dans le tableau, l'examen se poursuivra au-delà ; là encore, aucun "garde-fou" n'est envisageable : *printf* ne reçoit en fait qu'une "adresse de début" (celle de nom dans notre exemple), et la dimension du tableau réellement réservé lui est inconnue. Dans ces conditions, l'affichage obtenu peut être assez curieux. N'oubliez pas, à ce propos, que tout octet de la mémoire peut toujours être considéré comme un caractère.

Ne confondez pas le caractère de fin de chaîne qui est introduit automatiquement par scanf pour indiquer, en mémoire, la fin d'une chaîne, avec le délimiteur (espace ou fin de ligne) qui a servi à détecter la fin de la donnée fournie par l'utilisateur ; ce délimiteur n'étant d'ailleurs pas recopié en mémoire.

1.2 Avec les fonctions spécialisées gets et puts

Il existe deux fonctions manipulant exclusivement des chaînes (une seule à la fois), qui complètent utilement les possibilités du code de format *%s*.

Ainsi, toujours avec la déclaration précédente, l'instruction :

```
gets (nom) ;
```

lit une suite de caractères en la rangeant dans le tableau nom, terminée par un caractère de fin de chaîne ; cette fois :

- aucun délimiteur n'est sauté avant la lecture,
- les espaces sont lus comme les autres caractères,
- la lecture se termine à la rencontre d'un caractère de fin de ligne.

De même, l'instruction :

```
puts (nom) ;
```

affiche les caractères trouvés à partir de *&nom[0]*, en s'interrompant à la rencontre du caractère de fin de chaîne et réalise un changement de ligne (il s'agit, somme toute, de la seule différence de comportement avec le code de format *%s* dans *printf*).

1.3 Exemple

Voici un petit exemple récapitulatif des possiblités de lecture ou d'écriture de chaînes.

```
#include <stdio.h>
main()
{
    char nom[20], prenom[20], ville[25] ;
    printf ("quelle est votre ville : ") ;
    gets (ville) ;
    printf ("donnez votre nom et votre prénom : ") ;
    scanf ("%s %s", nom, prenom) ;
    printf ("bonjour cher %s %s qui habitez à ", prenom, nom) ;
    puts (ville) ;
}
```

```
quelle est votre ville : Paris
donnez votre nom et votre prénom : Dupont Yves
bonjour cher Yves Dupont qui habitez à Paris
```

2. Pour comparer des chaînes : la fonction strcmp

Nous savons qu'il est possible de comparer deux caractères, en se basant sur la valeur de leur code. Nous avons vu dans le paragraphe 3.1 du chapitre IV que le résultat d'une telle comparaison peut varier suivant le code utilisé mais que, dans tous les cas, on est sûr que l'ordre alphabétique est respecté pour les minuscules d'une part, pour les majuscules d'autre part et que les caractères représentant des chiffres sont rangés dans leur ordre naturel.

Cette possibilité se généralise à des chaînes de caractères. Mais, comme on peut s'en douter, il n'est plus possible d'utiliser les opérateurs de comparaison habituels ; il faut recourir à une fonction spécifique nommée *strcmp* (abréviation de *STRings CoMParison*, en français "comparaison de chaînes") et dont le prototype figure, cette fois, dans *string.h*.

Cette fonction dont l'appel se présente ainsi :

```
strcmp (chaîne1, chaîne2)
```

compare les deux chaînes *chaîne1* et *chaîne2* et fournit en résultat une valeur entière qui est :

- positive si chaîne1 arrive "après" *chaîne2*, au sens de l'ordre défini par le code des caractères,

- nulle si chaîne1 est égale à *chaîne2*, c'est-à-dire si ces deux chaînes contiennent exactement la même suite de caractères,

- négative si chaîne1 arrive "avant" *chaîne2*, au sens de l'orde défini par le code des caractères.

Voici un exemple de programme qui lit deux mots de moins de 30 lettres, supposés ne contenir que des lettres minuscules et qui indique s'ils sont ou non dans l'ordre alphabétique :

```
#define LG_MOT 30
#include <stdio.h>
#include <string.h>
main()
{  char mot1 [LG_MOT+1] ;     /* +1 pour tenir compte du caractère
                                   de fin de chaîne */
   char mot2 [LG_MOT+1] ;
   int comp ; /* pour le résultat de la comparaison des deux mots */
   printf ("donnez deux mots en minuscules :\n") ;
   scanf ("%s%s", mot1, mot2) ;
   comp = strcmp (mot1, mot2) ;
   if (comp<0)  printf ("dans l\'ordre alphabétique\n") ;
   if (comp==0) printf ("identiques\n") ;
   if (comp>0)  printf ("pas dans l\'ordre alphabétique\n") ;
}
```

```
donnez deux mots en minuscules :
bonjour hello
dans l'ordre alphabétique
```

Remarques

Nous avons utilisé une instruction *#define* pour définir la longueur maximale de nos chaînes. Notez que *LG_MOT*+1 est une expression constante (après remplacement de *LG_MOT* par sa valeur, le compilateur rencontrera l'expression 30+1 qu'il sait calculer), ce qui nous a permis de l'employer comme dimension.

Nous avons utilisé trois instructions *if* successives ; des *if* "imbriqués" auraient également pu convenir.

Remarques

Nous disons que *strcmp* compare deux "chaînes" ; il s'agit en fait d'un abus de langage puisque, comme nous l'avons déjà dit, il n'y a pas de vrai type chaîne. D'ailleurs, les paramètres reçus par *strcmp* ne sont rien d'autre que deux adresses (plus précisément des pointeurs de type *char **) et cette fonction se contente de comparer les deux suites de caractères commençant à ces adresses. Certes, pour l'instant, ces adresses sont celles de début d'un tableau mais il ne s'agit pas d'une obligation ; nous y reviendrons.

La chaîne vide est toujours considérée comme arrivant avant n'importe quelle chaîne non vide.

3. Pour recopier des chaînes : la fonction strcpy

Comme on peut s'y attendre, il n'est pas possible d'affecter directement une chaîne à une autre, pas plus qu'il n'était possible d'affecter globalement le contenu d'un tableau à un autre.

En revanche, on dispose d'une fonction qui permet de "recopier" une chaîne d'un endroit à un autre. Il s'agit de *strcpy* (abréviation de *STRings CoPY*, en francais "copie de chaînes") :

strcpy (destination, source)   (string.h)

Cette fonction recopie la chaîne source dans la chaîne destination.

N'oubliez pas que les paramètres de cette fonction ne sont en fait que les deux adresses de début des chaînes concernées. En particulier, il est nécessaire que la taille du tableau réservé pour la chaîne destination soit suffisante pour accueillir la chaîne à recopier, sous peine d'écrasement intempestif.

Voici un programme qui, comme le précédent, lit deux noms (toujours supposés écrits en minucules et de moins de 30 lettres) et qui les "range par ordre alphabétique", en inversant, s'il y a lieu, le contenu des deux chaînes correspondantes.

Comme on peut s'y attendre, il est nécessaire de prévoir un tableau supplémentaire, destiné à recevoir temporairement le contenu de l'un des tableaux.

```
#define LG_MOT 30
#include <stdio.h>
#include <string.h>
main()
{  char mot1 [LG_MOT+1] ;
   char mot2 [LG_MOT+1] ;
   char mot [LG_MOT+1] ;              /* pour procéder à l'échange
                                         éventuel de mot1 et mot2 */
   printf ("donnez deux mots en minuscules :\n") ;
   scanf ("%s%s", mot1, mot2) ;
```

```
        if (strcmp (mot1, mot2) > 0)        /* si mot1 arrive après mot2
                                                on les échange */
            { strcpy (mot, mot1) ;          /* copie de mot1 dans mot */
              strcpy (mot1, mot2) ;          /* copie de mot2 dans mot1 */
              strcpy (mot2, mot) ;           /* copie de mot dans mot2 */
            }
        printf ("voici vos deux mots ordonnés : %s %s", mot1, mot2) ;
    }
```

```
donnez deux mots en minuscules :
hello bonjour
voici vos deux mots ordonnés : bonjour hello
```

 Remarque La fonction *strcpy* recopie tous les caractères qu'elle trouve, jusqu'à la rencontre d'un caractère de fin de chaîne, et ceci quel que soit le nombre de caractères en question. Il existe une autre fonction, nommée *strncpy*, analogue à *strcpy* qui permet, grâce à un paramètre supplémentaire, de limiter le nombre de caractères pris en compte. Par exemple, avec :

```
strncpy (mot, mot1, 5) ;
```

on ne recopiera pas plus de 5 caractères de *mot1* dans *mot*.

4. Pour obtenir la longueur d'une chaîne : la fonction strlen

Jusqu'ici, nous avons manipulé des chaînes, sans avoir besoin de connaître leur "longueur", c'est-à-dire le nombre de caractères qu'elles contenaient à un moment donné. En effet, les fonctions spécialisées que nous étions amenés à utiliser (*strcmp*, *strcpy*...) prenaient en charge automatiquement cet aspect (en se basant simplement sur le caractère de fin de chaîne).

Dans certains cas, toutefois, il nous faudra connaître ce nombre de caractères. Certes, il est toujours possible de compter un par un les caractères qui précèdent le caractère de fin de chaîne. Mais il existe une fonction nommée *strlen* (abréviation de *STRing LENgth*, en français "longueur de chaîne") qui nous fournit directement cette longueur.

Voici un programme qui compte le nombre de lettres *e* figurant dans un mot de moins de 30 caractères fourni en données. Il utilise la fonction *strlen* pour connaître le nombre de caractères à examiner.

```
#define LG_MOT 30
#include <stdio.h>
#include <string.h>
main()
{   char mot [LG_MOT+1] ;
    int i ;
    int ne ;    /* compteur du nombre de e */
    printf ("donnez un mot :\n") ;
    scanf ("%s", mot) ;
    ne = 0 ;
    for (i=0 ; i<strlen(mot) ; i=i+1)
        if (mot[i] == 'e') ne = ne + 1 ;
    printf ("votre mot de %d lettres comporte %d fois la lettre e",
            strlen(mot), ne) ;
}
```

```
donnez un mot : anticonstitutionnellement
votre mot de 25 lettres comporte 3 fois la lettre e
```

Remarques Ici, il ne s'agit que d'un exemple d'illustration de l'emploi de *strlen*. En effet, nous aurions pu nous contenter de lire un par un les caractères de notre mot, sans avoir besoin de les stocker dans un tableau.

La longueur d'une chaîne vide est, bien sûr, zéro.

Exercice X.1

a) Écrivez un programme qui lit un mot d'au plus 26 caractères et qui l'affiche, à raison d'un caractère par ligne ; on fera appel à la fonction *gets* pour lire le mot.

b) Écrivez un programme réalisant la même chose que le précédent, sans utiliser les possibilités de représentation et de manipulation de chaînes : il faudra obligatoirement lire le mot caractère par caractère et déterminer sa "longueur".

5. Les constantes chaîne

Nous avons donc appris à utiliser des tableaux de caractères pour y placer des chaînes et à faire appel à certaines fonctions, auxquelles on transmettait en fait l'adresse de tels tableaux. Cela nous a permis de pallier l'absence d'un vrai type chaîne, en "simulant", en quelque sorte, par le biais de tableaux, des variables de ce type chaîne.

De façon similaire, il va être possible de "simuler" des constantes de type chaîne. En effet, lorsque nous introduisons dans un programme, une notation telle que :

```
"bonjour"
```

le compilateur :

■ réserve un emplacement mémoire approprié et y range la suite de caractères indiquée en utilisant la convention de représentation des chaînes, c'est-à-dire en ajoutant un caractère de fin de chaîne (dans notre exemple, l'emplacement réservé occupera donc 8 octets),

■ remplace, dans le programme traduit, cette notation par l'adresse (en fait la valeur d'un pointeur de type *char* *) de l'emplacement en question.

Jusqu'ici, nous n'avions utilisé cette possibilité que pour écrire des formats. Nous voyons maintenant que, lorsque nous écrivons par exemple :

```
printf ("valeur : %d", val) ;
```

la fonction *printf* reçoit en fait deux paramètres et le premier n'est rien d'autre qu'une adresse (ou, si l'on veut être plus précis, la valeur d'un pointeur de type *char* *).

Mais nous voyons maintenant que cette notation peut être employée avec n'importe quelle autre fonction acceptant une "chaîne". Par exemple, avec l'expression :

```
strlen ("bonjour")
```

on fournira en paramètre à strlen l'adresse de la chaîne *bonjour* ; on obtiendra comme résultat la valeur 7.

De même, avec l'instruction :

```
strcmp (ch, "bonjour") ;
```

on pourra comparer la chaîne située dans le tableau *ch* avec la chaîne constante *bonjour*.

Si, dans l'appel précédent, vous inversez les deux chaînes, en écrivant :

```
strcpy ("bonjour", ch) ;
```

vous demanderez de recopier le contenu de *ch* à l'emplacement de la "constante chaîne" *bonjour*. En théorie, ceci devrait être signalé par le compilateur ; si ce n'est pas le cas, les conséquences pourront être plus ou moins graves, suivant la longueur de la chaîne *ch*.

6. Concaténation de chaînes

Dans tous les langages disposant d'un type chaîne, on nomme concaténation l'opération qui consiste à fabriquer une chaîne en mettant bout à bout deux autres chaînes. Par exemple, le résultat de la concaténation de "*mon*" et "*sieur*" serait "*monsieur*".

En langage C, une telle opération va pouvoir être réalisée à l'aide d'une fonction nommée *strcat* (abréviation de *STRings conCATenation*, en français "concaténation de chaînes") :

strcat (destination, source)   (string.h)

Assez curieusement, cette fonction concatène la chaîne *source* (sans la modifier) à la chaîne *destination* qui se trouve donc, quant à elle, modifiée (sauf si la chaîne *source* est de longueur nulle). Dans certains cas, il pourra être nécessaire de recopier la chaîne *destination*, avant d'appeler cette fonction.

Voici un petit programme illustrant le rôle de *strcat* :

```
#include <stdio.h>
#include <string.h>
main()
{  char mot1[80] ;
   char mot2[30] ;
   strcpy (mot1, "bonjour") ; /* place la chaîne bonjour dans mot1 */
   strcpy (mot2, "monsieur") ;/* place la chaîne monsieur dans mot2 */
   printf ("mot1 est de longueur %2d et contient :%s:\n",
           strlen(mot1), mot1) ;
   strcat (mot1, " ") ;         /* on concatène un espace à mot1 */
   printf ("mot1 est de longueur %2d et contient :%s:\n",
           strlen(mot1), mot1) ;
   strcat (mot1, mot2) ;        /* on concatène la chaîne mot2 à mot1 */
   printf ("mot1 est de longueur %2d et contient :%s:\n",
           strlen(mot1), mot1) ;
   strcat (mot1, " et madame") ;
   printf ("mot1 est de longueur %2d et contient :%s:\n",
           strlen(mot1), mot1) ;
}
```

```
mot1 est de longueur   7 et contient :bonjour:
mot1 est de longueur   8 et contient :bonjour :
mot1 est de longueur  16 et contient :bonjour monsieur:
mot1 est de longueur  26 et contient :bonjour monsieur et madame:
```

Remarque La fonction *strcat* concatène à la chaîne *destination* tous les caractères qu'elle trouve dans la chaîne *source*, et ceci quelle que soit la longueur de cette dernière. Il existe une autre fonction, nommée *strncat*, analogue à *strcat* qui permet, grâce à un paramètre supplémentaire, de limiter le nombre de caractères concaténés. Par exemple, avec :

```
strncat (mot, mot2, 5) ;
```

on ne concaténera pas plus de 5 caractères de *mot2* à *mot1*.

Exercice X.2 Réécrivez le programme exemple du paragraphe 1.3, en remplaçant les deux instructions :

```
printf ("bonjour cher %s %s qui habitez à ", prenom, nom) ;
puts (ville) ;
```

par une seule instruction *puts*, laquelle affichera une chaîne qu'il aura fallu créer préalablement.

7. D'autres façons de manipuler une chaîne

Jusqu'ici, nous avons presque toujours manipulé nos chaînes d'une manière globale, c'est-à-dire en prenant en compte, chaque fois, l'ensemble de ses caractères.

Mais, dans certains cas, il peut être nécessaire de manipuler chacun des caractères qui constituent une chaîne ou encore d'accéder à une partie seulement de la chaîne.

7.1 Manipulation des caractères d'une chaîne

Si l'on dispose d'une chaîne nommée, par exemple, *ch*, il est toujours possible d'accéder à chacun de ses caractères par la notation *ch[i]*. Toutefois, il faut distinguer deux situations :

▪ on se contente d'utiliser le caractère contenu en *ch[i]* ; dans ce cas, dès lors que la valeur de *i* est inférieure à la longueur de la chaîne figurant dans *ch*, aucun problème particulier ne se pose (c'est d'ailleurs ce que nous avons fait dans le paragraphe 3) ; si la valeur de *i* est trop grande, on obtient simplement un caractère imprévisible.

▪ on cherche à placer un caractère en *ch[i]*, par exemple, par une affectation de la forme *ch[i] = …* ; dans ces conditions, si la valeur de *i* n'est pas inférieure à la longueur actuelle de la chaîne, on risque :

• soit de placer un caractère au-delà du caractère de fin de chaîne ; il ne sera pas considéré, par la suite, comme faisant partie de la chaîne ;

- soit, pire, d'écraser le caractère de fin de chaîne ; dans ce cas, par la suite, la chaîne comportera, non seulement le caractère que l'on vient d'introduire, mais tous ceux qui suivent jusqu'à ce que l'on y rencontre un caractère de fin.

■ Qui plus est, on peut pousser cette deuxième situation à l'extrême en cherchant à créer une nouvelle chaîne dans un tableau non encore initialisé. Dans ce cas, il faut, non seulement déposer un à un chaque caractère de la chaîne, mais, de plus, prévoir d'y introduire (à la main, pourrait-on dire !) le caractère de fin de chaîne ; signalons que ce dernier peut se noter *'\0'*, de sorte qu'il est nécessaire de faire appel à une affectation de la forme *ch[k] = '\0' ;*.

Comme on peut s'en douter, autant la première situation (simple utilisation d'un caractère d'une chaîne) est relativement naturelle et ne présente pas de risque particulier, autant la seconde (modification d'un caractère d'une chaîne) devra être réservée à des situations exceptionnelles, pour lesquelles il n'existe pas de solution basée sur des manipulations globales.

7.2 Manipulation d'une partie d'une chaîne

Comme nous l'avons vu, toutes les fonctions manipulant des chaînes reçoivent, en fait, en paramètres, de simples adresses. Dans ces conditions, il est facile de les utiliser pour ne traiter que la "fin" d'une chaîne et non plus la chaîne complète ; il suffit de leur fournir l'adresse du premier caractère à prendre en compte. Par exemple, alors que :

```
strcat (mot1, mot2) ;
```

concatène à *mot1*, le contenu de *mot2*,

```
strcat (mot1, &mot2[2]) ;
```

concatène à *mot1*, la partie de *mot2* qui commence à son troisième caractère, à condition, cependant, que *mot2* comporte bien au moins trois caractères ; dans le cas contraire, on risque fort de concaténer à *mot1* un nombre de caractères imprévisible !

Voici un exemple de programme faisant appel à cette possibilité ; il lit un mot et il vérifie qu'il est bien terminé par les deux lettres "er" :

```
#include <stdio.h>
#include <string.h>
main()
{  char mot [30] ;
   printf ("donnez un mot terminé par er : ") ;
   gets (mot) ;
   if (strcmp (&mot[strlen(mot)-2], "er") == 0)
        printf ("le mot %s se termine bien par er", mot) ;
    else printf ("le mot %s ne se termine pas par er", mot) ;
}
```

```
donnez un mot terminé par er : programme
le mot programme ne se termine pas par er
```

```
donnez un mot terminé par er : programmer
le mot programmer se termine bien par er
```

Notez l'instruction :

```
if (strcmp (&mot[strlen(mot)-2], "er") == 0)
```

dans laquelle *&mot[strlen(mot) - 2]* désigne l'adresse du caractère de mot situé 2 caractères avant la fin. On remarquera qu'il serait prudent, au préalable, de vérifier que le mot contient au moins 2 caractères.

 Remarque   En faisant appel à *strncat*, on peut même ne prendre en compte qu'une partie d'une chaîne, définie par le caractère de début et la longueur ; ainsi

```
strncat (mot1, &mot2[2], 4) ;
```

concatène à mot1 4 caractères (au maximum) de *mot2*, à partir du troisième.

Exercice X.3   Écrivez un programme qui vous demande un mot d'au plus 26 caractères et qui vous affiche son premier et son dernier caractère.

7.3 Exemple : inverser un mot

Nous souhaitons écrire un programme qui lit un mot et qui l'affiche à l'envers et nous voulons que le mot inversé soit effectivement créé en mémoire (sans cette contrainte, on pourrait se contenter d'afficher un par un les caractères du mot fourni, ce qui enlèverait de l'intérêt à l'exercice !).

Nous vous proposons deux solutions :

- l'une créant la chaîne contenant le mot inversé, caractère par caractère, en ajoutant au bon endroit le caractère de fin de chaîne,

- l'autre se contentant de manipuler des chaînes ou des portions de chaîne (à l'aide de *strncat*).

a) Première solution

```
#define LG_MOT 30
#include <stdio.h>
#include <string.h>
main()
{  char mot [LG_MOT+1] ;        /* pour le mot lu */
   char motinv [LG_MOT+1] ;     /* pour le mot renversé */
   int i ;
   int longueur ;               /* pour la longueur du mot */
      /* lecture du mot */
   printf ("donnez un mot :\n") ;
   scanf ("%s", mot) ;
      /* création en mémoire du mot inversé dans motinv */
   longueur = strlen(mot) ;
   for (i=0 ; i<longueur ; i=i+1)
      motinv[longueur-i-1] = mot[i] ;
   motinv [longueur] = '\0' ;   /* pour indiquer la fin de chaîne */
      /* affichage du mot inversé */
   printf ("mot inversé : %s", motinv) ;
}
```

```
donnez un mot :
bonjour
mot inversé : ruojnob
```

b) Seconde solution

```
#define LG_MOT 30
#include <stdio.h>
#include <string.h>
main()
{  char mot [LG_MOT+1] ;        /* pour le mot lu */
   char motinv [LG_MOT+1] ;     /* pour le mot renversé */
   int i ;
   int longueur ;               /* pour la longueur du mot */
      /* lecture du mot */
   printf ("donnez un mot :\n") ;
   scanf ("%s", mot) ;
```

```
        /* création en mémoire du mot inversé dans motinv */
    longueur = strlen(mot) ;
    strcpy (motinv, "") ; /* on initialise motinv à une chaîne vide */
    for (i=0 ; i<longueur ; i=i+1)
        strncat (motinv, &mot[i], 1) ;    /* ajoute un carac à motinv */
        /* affichage du mot inversé */
    printf ("mot inversé : %s", motinv) ;
}
```

On remarquera que, pour ajouter un caractère à la fin de la chaîne *motinv*, il faut concaténer à *motinv* une chaîne de longueur 1, ce qui semble imposer la création (à la main !) d'une telle chaîne ; il est en fait plus simple de concaténer à *motinv* une chaîne commençant au caractère voulu, en limitant à 1 le nombre de caractères pris en compte, en faisant appel à la fonction *strncat*.

8. Initialisation rapide de tableaux de caractères

Supposez que nous disposons d'un tableau de caractères :

```
char tc [40] ;
```

Nous pouvons toujours y placer une chaîne donnée, en utilisant la fonction *strcpy*, par exemple :

```
strcpy (tc, "bonjour") ;                 /* place la chaîne bonjour
                                            dans le tableau tc */
```

Mais cette opération est réalisée lors de l'exécution de l'instruction correspondante. Dans certains cas, on pourrait souhaiter que notre tableau soit initialisé avec une chaîne donnée. Certes, comme il s'agit d'un tableau de caractères, nous pourrions toujours utiliser les possibilités d'initialisation des tableaux, en écrivant (et en se contentant d'initialiser les premiers caractères du tableau) :

```
char tc [40] = { 'b', 'o', 'n', 'j', 'o', 'u', 'r', '\0' } ;
```

Toutefois, la chose est assez fastidieuse et, de surcroît, il ne faut pas oublier de prévoir le caractère de fin de chaîne pour pouvoir prétendre utiliser par la suite *tc* comme une chaîne.

En fait, le langage C vous permet de **simplifier** ainsi votre déclaration :

```
char tc [40] = "bonjour" ;
```

Notez bien qu'il ne s'agit là que d'une **convention d'écriture** et que, malgré la notation *"bonjour"*, il n'y a pas ici de constante chaîne, comme dans *strcat* (mot, *"bonjour"*) ou dans *printf* (*"bonjour"*) ; en effet, d'une part, cette notation *"bonjour"* ne correspond plus à une adresse, d'autre part, la chaîne *bonjour* placée initialement dans *tc* reste parfaitement modifiable par la suite.

9. Tableaux de chaînes

9.1 Comment "simuler" des tableaux de chaînes

Nous savons donc manipuler une chaîne de caractères en utilisant un tableau pour l'accueillir et en utilisant les fonctions appropriées.

Dans certains problèmes, on peut avoir besoin de mémoriser simultanément plusieurs chaînes, de sorte que la notion de "tableau de chaînes" peut alors faire défaut. Bien entendu, comme il n'existe pas de véritable type chaîne en C, il est difficile de disposer d'un véritable tableau de chaînes ! Mais la convention de représentation des chaînes reste exploitable dès lors qu'on utilise des tableaux de caractères à deux dimensions, à condition toutefois de considérer que :

- le premier indice permet de repérer les différentes chaînes,

- le second indice permet de repérer un caractère dans l'une des chaînes.

Par exemple, si nous déclarons :

```
char noms [10] [25] ;              /* pour ranger 10 chaînes d'au
                                      plus 24 caractères */
```

nous pourrons utiliser chacune des 10 "lignes" de *noms* pour y ranger une chaîne d'au plus 24 caractères. Ainsi :

```
scanf ("%s", &noms[3][0]) ;
```

va lire des caractères et les ranger dans des emplacements consécutifs, à partir de celui d'adresse *&noms [3][0]*. Compte tenu de la manière dont C organise en mémoire les éléments d'un tableau à deux dimensions, cela correspond bien à tout ou partie d'une ligne de notre tableau.

De même :

```
strcpy (&noms[5][0], "hello") ;
```

va placer dans la sixième ligne du tableau *noms*, la chaîne *"hello"*, c'est-à-dire, les 6 caractères : h, e, l, l, o et fin de chaîne.

Compte tenu de la manière dont les éléments d'un tableau à deux dimensions sont rangés en mémoire, il ne serait pas possible de permuter le rôle des deux indices de notre tableau à deux dimensions. Ainsi, le tableau précédent ne pourrait pas servir à stocker 25 chaînes d'au maximum 9 caractères.

9.2 Exemple

Voici un programme qui lit 5 noms d'au plus 26 caractères et qui les réaffiche dans l'ordre alphabétique.

```
#define LG_MOTS 26
#define NB_MOTS 5
#include <stdio.h>
#include <string.h>
main()
{  char mots [NB_MOTS] [LG_MOTS+1] ;
   char tempo [LG_MOTS+1] ;
   int i, j ;
   printf ("donnez %d mots\n", NB_MOTS) ;
         /* lecture des mots à trier */
   for (i=0 ; i<NB_MOTS ; i=i+1)
      scanf ("%s", &mots[i][0]) ;
         /* tri des mots */
   for (i=0 ; i<NB_MOTS-1 ; i=i+1)
      for (j=i+1 ; j<NB_MOTS ; j=j+1)
         if (strcmp (&mots[i][0], &mots[j][0]) > 0)
            { strcpy (tempo, &mots[i][0]) ;
              strcpy (&mots[i][0], &mots[j][0]) ;
              strcpy (&mots[j][0], tempo) ;
            }
         /* affichage des mots triés */
   printf ("voici vos mots triés : \n") ;
   for (i=0 ; i<NB_MOTS ; i=i+1)
      puts (&mots[i][0]) ;
}
```

```
donnez 5 mots
variable
tableau
pointeur
structure
chaine
voici vos mots triés :
chaine
pointeur
structure
tableau
variable
```

Résumé

Le langage C ne dispose pas d'un véritable type chaîne. Il existe cependant une convention de représentation des chaînes qui consiste à indiquer leur fin par un caractère particulier de code nul qui peut se noter \0.

Dans ces conditions, on ne déclare jamais explicitement une "variable de type chaîne" et l'on doit disposer d'un emplacement mémoire pour accueillir les chaînes à manipuler. Généralement, cet emplacement est réservé sous la forme d'un tableau de caractères de taille suffisante (c'est-à-dire supérieure à la longueur de la plus grande chaîne qu'on sera amené à y ranger). Une exception a lieu dans le cas des "chaînes constantes", c'est-à-dire des notations de la forme *"bonjour"*. Dans ce cas, l'emplacement voulu est automatiquement réservé par le compilateur.

La manipulation des chaînes se fait par le biais de fonctions appropriées auxquelles on se contente de transmettre les adresses de début (en fait les valeurs de pointeurs de type *char **) des chaînes concernées. Ces adresses peuvent indifféremment être obtenues par :

- le nom d'un tableau de caractères (équivalent à l'adresse de son premier élément),
- l'adresse d'un élément d'un tableau de caractères (pas nécessairement le premier),
- l'adresse d'une constante chaîne, dans une notation de la forme "bonjour" (du moins, pour les fonctions qui se contentent d'utiliser la chaîne en question, sans la modifier).

Les principales fonctions de manipulation de chaînes que nous avons rencontrées sont :

- *scanf* et le code de format *%s* : l'espace ou la fin de ligne servent de délimiteur,
- *gets* : seule la fin de ligne sert de délimiteur,
- *printf* et le code de format *%s,*
- *puts* : change de ligne après l'affichage de la chaîne,
- *strcmp* et *strncmp* pour comparer deux chaînes,
- *strcpy* et *strncpy* pour recopier une chaîne dans une autre,
- *strlen* pour obtenir la longueur d'une chaîne,
- *strcat* et *strncat* pour concaténer une chaîne à une autre.

Chapitre 11

Les structures

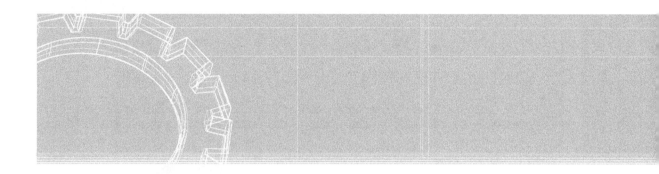

Nous avons déjà mentionné que la notion de "structure de données" permettait à un langage évolué de manipuler des variables plus élaborées que les variables scalaires.

Nous avons déjà étudié la plus répandue des structures de données qu'est le tableau ; rappelons qu'il permet de désigner sous un seul nom un ensemble de valeurs de même type, chacune d'entre elles étant repérée par un indice.

En langage C, il existe une seconde structure de données, qu'on nomme *structure*. Elle permet de désigner sous un seul nom un ensemble de valeurs pouvant être de types différents. L'accès à chaque élément (nommé "*champ*") de la structure se fait, cette fois, non plus par une indication de position, mais par son nom au sein de la structure.

1. Déclaration d'une structure

Voyez tout d'abord cette déclaration :

```
struct enreg
{  int numero ;
   int qte ;
   float prix ;
} ;
```

Celle-ci définit un modèle de structure mais ne réserve pas de "variables" correspondant à cette structure. Ce modèle s'appelle ici *enreg* et il précise le nom et le type de chacun des *"champs"* constituant la structure (*numero*, *qte* et *prix*).

Une fois un tel modèle défini, nous pouvons déclarer des "variables" du type correspondant (on parle encore de "structure" pour désigner une variable dont le type est un modèle de structure). Par exemple :

```
struct enreg art1 ;
```

réserve un emplacement nommé *art1* de type *enreg* destiné à contenir deux entiers et un flottant.

De manière semblable :

```
struct enreg art1, art2 ;
```

réserverait deux emplacements *art1* et *art2* du type *enreg*.

 Bien que ce soit peu recommandé, sachez qu'il est possible de regrouper la définition du modèle de structure et la déclaration du type des variables dans une seule instruction comme dans cet exemple :

```
struct enreg
    { int numero ;
      int qte ;
      float prix ;
    } art1, art2 ;
```

Dans ce dernier cas, il est même possible d'omettre le nom de modèle (*enreg*), à condition, bien sûr, que l'on n'ait pas à déclarer par la suite d'autres variables de ce type.

2. Utilisation d'une structure

Il est possible d'utiliser une variable d'un type structure de deux manières :

- en travaillant individuellement sur chacun de ses champs,
- en travaillant de manière globale sur l'ensemble de la structure.

2.1 Utilisation des champs d'une structure

Chaque champ d'une structure peut être manipulé comme n'importe quelle variable du type correspondant. La désignation d'un champ se note en faisant suivre le nom de la variable structure d'un point (.), puis du nom de *champ* tel qu'il a été défini dans le modèle (le nom de modèle lui-même n'intervenant d'ailleurs pas).

Voici quelques exemples utilisant le modèle *enreg* et les variables *art1* et *art2* déclarées de ce type.

```
art1.numero = 15 ;
```

affecte la valeur 15 au champ *numero* de la structure *art1*.

```
printf ("%e", art1.prix) ;
```

affiche, suivant le code format *%e*, la valeur du champ *prix* de la structure *art1*.

```
scanf ("%e", &art2.prix) ;
```

lit, suivant le code format *%e*, une valeur qui sera affectée au champ *prix* de la structure *art2*. Notez bien la présence de l'opérateur *&*.

```
art1.numero = art1.numero+1
```

incrémente de 1 la valeur du champ numero de la structure *art1*.

2.2 Utilisation globale d'une structure

Il est possible d'affecter à une structure le contenu d'une structure définie à partir du même modèle. Par exemple, si les structures *art1* et *art2* ont été déclarées suivant le modèle *enreg* défini précédemment, nous pourrons écrire :

```
art1 = art2 ;
```

Notez bien qu'une telle affectation n'est cependant possible que si les structures ont été définies avec le même nom de modèle ; en particulier, elle sera impossible avec des variables ayant une structure analogue mais définies sous deux noms différents.

En dehors de l'affectation, il n'existe pas d'autre possibilité d'utilisation globale d'une structure.

 Remarque

Rappelons que, pour les tableaux, on ne dispose d'aucune possibilité d'utilisation globale, pas même au niveau de l'affectation.

2.3 Initialisation de structures

Il est possible d'initialiser explicitement une structure, lors de sa déclaration, comme dans cet exemple (le modèle *enreg* étant celui défini précédemment) :

```
struct enreg art1 = { 100, 285, 49.95 } ;
```

La description des différents champs se présente sous la forme d'une liste de valeurs séparées par des virgules, chaque valeur étant une constante (ou une expression constante) ayant le type du champ correspondant. Là encore, il est possible d'omettre certaines valeurs ; ces dernières seront indéterminées, sauf dans le cas d'une structure définie en variable globale (auquel cas, ces valeurs seront placées à zéro).

2.4 La portée du modèle de structure

Nous avons déjà vu que les déclarations de variables ou de fonctions pouvaient être soit globales (accessibles à toutes les fonctions), soit locales (accessibles à une seule fonction). Bien entendu, cette règle s'applique aux variables au sens large que sont les structures ; mais elle s'applique également aux déclarations de modèles de structures.

Voici un exemple d'un modèle de structure nommé *enreg* déclaré de façon globale et accessible depuis les fonctions *main* et *fct*.

```
struct enreg
    { int numero ;
      int qte ;
      float prix ;
    } ;
main ()
{ struct enreg x ;
      ....
}
fct ( ....)
{ struct enreg y, z ;
      ....
}
```

Nous verrons que cette possibilité se révèle indispensable pour les structures transmises en argument d'une fonction.

3. Imbrication de structures

Dans nos exemples d'introduction des structures, nous nous sommes limités à une structure simple ne comportant que trois champs d'un type de base. Mais chacun des champs d'une structure peut être d'un type absolument quelconque : pointeur, tableau, structure… De même, un tableau peut être constitué d'éléments qui sont eux-mêmes des structures. Voyons ici quelques situations classiques.

3.1 Structure comportant des tableaux

Soit les déclarations suivantes :

```
struct personne { char nom[30] ;
                  char prenom [20] ;
                  float heures [31] ;
                };
struct personne employe, courant ;
```

Elles réservent les emplacements pour deux structures nommées *employe* et *courant*. Ces dernières comportent trois champs :

- *nom* qui est un tableau de 30 caractères et qui peut servir à accueillir une chaîne d'au plus 29 caractères,

- *prenom* qui est un tableau de 20 caractères et qui peut servir à accueillir une chaîne d'au plus 19 caractères,

- *heures* qui est un tableau de 31 flottants.

On peut, par exemple, imaginer que ces structures permettent de conserver pour un employé d'une entreprise les informations suivantes :

- nom,

- prénom,

- nombre d'heures de travail effectuées pendant chacun des jours du mois courant.

La notation :

```
employe.heures[4]
```

désigne le cinquième élément du tableau heures de la structure *employe*. Il s'agit d'un élément de type *float*.

De même :

```
employe.nom[0]
```

représente le premier caractère du champ *nom* de la structure *employe*.

Par ailleurs :

```
&courant.heures[4]
```

représente l'adresse du cinquième élément du tableau *heures* de la structure *courant*.

À titre indicatif, voici un exemple d'initialisation d'une structure de type *personne* lors de sa déclaration :

```
struct personne emp = { "Dupont", "Jules", { 8, 7, 8, 6, 8, 0, 0, 8} };
```

 Remarque

En toute rigueur, les symboles ., & et [ ] sont des "opérateurs" du langage C. Ils disposent de priorités relatives telles que les parenthèses ne sont jamais nécessaires dans toutes les expressions que nous avons rencontrées jusqu'ici. Notez que les opérateurs . et [ ] ont la même priorité, mais qu'ils sont pris en compte en allant "de la gauche vers la droite" (on dit qu'ils ont une associativité de gauche à droite).

3.2 Tableaux de structures

Nous avons déjà utilisé des tableaux ; cependant, leurs éléments étaient alors d'un type scalaire (entier, flottant ou caractère). En langage C, il est possible de définir des tableaux dont les éléments sont d'un type structure.

Voyez ces déclarations :

```
struct point { char nom ;
               int x ;
               int y ;
             } ;
struct point courbe [50] ;
```

La structure *point* pourrait, par exemple, servir à représenter un point d'un plan, point qui serait défini par son nom (caractère) et ses deux coordonnées.

La structure *courbe*, quant à elle, pourrait servir à représenter un ensemble de 50 points du type ainsi défini.

Notez bien que *point* est un nom de modèle de structure, tandis que *courbe* représente effectivement un tableau de 50 éléments du type *point*.

Si *i* est un entier, la notation :

courbe[i].nom

représente le nom du point de rang *i* du tableau *courbe*. Il s'agit donc d'une valeur de type *char*. Notez bien que la notation *courbe.nom [i]* n'aurait pas de sens.

De même, la notation :

courbe[i].x

désigne la valeur du champ *x* de l'élément de rang *i* du tableau *courbe*.

Par ailleurs :

courbe[4]

représente la structure de type *point* correspondant au cinquième élément du tableau *courbe*.

Enfin *courbe* est un identificateur de tableau, et, comme tel, désigne son adresse de début.

Là encore, voici, à titre indicatif, un exemple d'initialisation (partielle) de notre variable *courbe*, lors de sa déclaration :

```
struct point courbe[50]= { {'A', 10, 25}, {'M', 12, 28},, {'P', 18,2} };
```

3.3 Structures comportant d'autres structures

Supposez qu'à l'intérieur de nos structures *employe* et *courant* définies dans le paragraphe 3.1, nous ayons besoin d'introduire deux dates : la date d'embauche et la date d'entrée dans le dernier poste occupé. Si ces dates sont elles-mêmes des structures comportant trois champs correspondant au jour, au mois et à l'année, nous pouvons alors procéder aux déclarations suivantes :

```
struct date
    { int jour ;
      int mois ;
      int annee ;
    } ;
struct personne
    { char nom[30] ;
      char prenom[20] ;
      float heures [31] ;
      struct date date_embauche ;
      struct date date_poste ;
    } ;
struct personne employe, courant ;
```

Vous voyez que la seconde déclaration fait intervenir un modèle de structure (*date*) précédemment défini.

La notation :

```
employe.date_embauche.annee
```

représente l'année d'embauche correspondant à la structure *employe*. Il s'agit d'une valeur de type *int*.

```
courant.date_embauche
```

représente la date d'embauche correspondant à la structure *courant*. Il s'agit cette fois d'une structure de type *date*. Elle pourra éventuellement faire l'objet d'affectations globales comme dans :

```
courant.date_embauche = employe.date_poste ;
```

Exercice XI.1   Écrivez un programme qui :

a) lit au clavier des informations dans un tableau de structures du type *point* défini comme suit :

```
struct point { int num ;
               float x ;
               float y ;
             }
```

Le nombre d'éléments du tableau sera fixé par une instruction *#define*.

b) affiche à l'écran l'ensemble des informations précédentes.

4. Transmission d'une structure en paramètre d'une fonction

Jusqu'ici, nous avons vu qu'en C la transmission des paramètres se fait "par valeur", ce qui implique une recopie de l'information transmise à la fonction. Par ailleurs, il est toujours possible de transmettre la "valeur d'un pointeur" sur une variable, auquel cas la fonction peut, si besoin est, en modifier la valeur. Ces remarques s'appliquent également aux structures (notez qu'il n'en allait pas de même pour un tableau, dans la mesure où la seule chose que l'on pourrait transmettre dans ce cas serait la "valeur de l'adresse" de ce tableau et jamais la valeur de ses éléments).

4.1 Transmission de la valeur d'une structure

Aucun problème particulier ne se pose. Il s'agit simplement d'appliquer ce que nous connaissons déjà. Voici un exemple simple :

```c
#include <stdio.h>
struct enreg { int a ;
               float b ;
             } ;
main()
{
   struct enreg x ;
   void fct (struct enreg y) ;
   x.a = 1; x.b = 12.5;
   printf ("\navant appel fct : %d %e",x.a,x.b);
   fct (x) ;
   printf ("\nau retour dans main : %d %e", x.a, x.b);
}
void fct (struct enreg s)
{
   s.a = 0; s.b=1;
   printf ("\ndans fct : %d %e", s.a, s.b);
}
```

```
avant appel fct : 1 1.25000e+01
dans fct : 0 1.00000e+00
au retour dans main : 1 1.25000e+01
```

Naturellement, les valeurs de la structure *x* sont recopiées localement dans la fonction *fct* lors de son appel ; les modifications de s au sein de *fct* n'ont aucune incidence sur les valeurs de *x*.

Notez que nous avons dû définir de façon globale notre modèle de structure *enreg*.

4.2 Pour transmettre l'adresse d'une structure : l'opérateur ->

Cherchons à modifier notre précédent programme pour que la fonction *fct* reçoive effectivement l'adresse d'une structure et non plus sa valeur. L'appel de *fct* devra donc se présenter sous la forme :

```
fct (&x) ;
```

Cela signifie que son en-tête devra préciser que son unique paramètre est du type "pointeur sur des informations de type struct *enreg*". Il sera donc de la forme :

```
void fct (struct enreg * ads) ;
```

Comme vous le constatez, nous allons devoir, au sein de la définition de la fonction *fct*, désigner les différents champs de la structure ayant pour adresse *ads*. Il n'est plus question d'utiliser la notation "point" qui s'applique à un nom de structure et non à une adresse. Il faut en fait recourir à une nouvelle notation, dans laquelle on remplace le point par le symbole ->. Ainsi, au sein de fct, la notation *ads -> b* désignera le second champ de la structure reçue en paramètre.

Voici ce que pourrait devenir notre précédent exemple, si nous décidions de transmettre l'adresse de notre structure, au lieu de sa valeur :

```
#include <stdio.h>
struct enreg { int a ;
               float b ;
             } ;
main()
{
   struct enreg x ;
   void fct (struct enreg *) ;
   x.a = 1; x.b = 12.5;
   printf ("\navant appel fct : %d %e",x.a,x.b);
   fct (&x) ;
   printf ("\nau retour dans main : %d %e", x.a, x.b);
}
void fct (struct enreg * ads)
{
   ads->a = 0 ; ads->b = 1;
   printf ("\ndans fct : %d %e", ads->a, ads->b);
}
```

```
avant appel fct : 1 1.25000e+01
dans fct : 0 1.00000e+00
au retour dans main : 0 1.00000e+00
```

 Remarque Bien que cela soit peu usité, sachez que C vous autorise à réaliser des fonctions qui fournissent en retour la valeur d'une structure.

 **Exercice XI.2** Réalisez la même chose que dans l'exercice XI.1, mais en prévoyant, cette fois, une fonction pour la lecture des informations de tout le tableau et une fonction pour l'affichage.

Résumé

En langage C, outre le tableau, il existe une seconde "structure de données" qu'on appelle une structure. Pour déclarer des variables d'un tel type, il faut :

■ d'une part, définir un modèle de structure, en lui donnant un nom et en énumérant les noms et les types de ses différents champs, comme dans :

```
struct enreg
    { int numero ;
      int qte ;
      float prix ;
    } ;
```

Si cette déclaration est faite dans une fonction, le modèle n'est connu que de cette fonction ; si elle faite à un niveau global, le modèle est connu de toutes les fonctions.

■ définir des variables de ce type par une déclaration de la forme :

```
struct enreg art1, art2 ;
```

Une variable d'un type structure peut être utilisée :

■ de manière "globale", c'est-à-dire en travaillant sur l'ensemble de la structure ; cela s'applique :

• aux affectations (les deux variables concernées doivent posséder le même modèle de structure),

• à la transmission d'une variable de type structure en paramètre d'une fonction ;

■ en travaillant individuellement sur chacun de ses champs, comme on le ferait pour une variable du type correspondant. Pour désigner un champ d'une variable de type structure, on utilise l'opérateur point (.), comme dans *art1.numero* qui désigne le champ *numero* de la variable structure *art1*.

On peut transmettre l'adresse d'une structure en paramètre d'une fonction ; dans ce cas, dans la définition de la fonction, il faut utiliser l'opérateur -> pour désigner les différents champs relatifs à une structure d'adresse donnée.

Compléments 1

Les différents types numériques du langage C et les conversions

Jusqu'ici, en ce qui concerne les types numériques, nous nous sommes limités aux types *int* et *float*. En fait, le langage C prévoit d'autres types numériques que ce chapitre va vous présenter. En même temps, il vous apportera des précisions sur la manière dont les nombres sont codés en binaire. Nous ferons ensuite le point sur les différentes possibilités de conversion, ce qui nous amènera à constater que le type *char* est en fait considéré comme un type numérique.

1. Les types entiers

1.1 Représentation des nombres entiers en binaire

Pour fixer les idées, nous raisonnerons ici sur des nombres entiers représentés sur 16 bits, mais il va de soi qu'il serait facile de généraliser notre propos à une "taille" quelconque.

Quelle que soit la machine (et donc, *a fortiori*, le langage !), les entiers sont "codés" en utilisant un bit pour représenter le signe (0 pour positif et 1 pour négatif).

a) Lorsqu'il s'agit d'un nombre positif (ou nul), sa valeur absolue est écrite en base 2, à la suite du bit de signe. Voici quelques exemples de codages de nombres :

```
1   0000000000000001
2   0000000000000010
3   0000000000000011
16  0000000000010000
127 0000000001111111
255 0000000011111111
```

b) Lorsqu'il s'agit d'un nombre négatif, sa valeur absolue est alors codée suivant ce que l'on nomme "la technique du complément à deux". Pour ce faire, cette valeur absolue est d'abord exprimée en base 2, puis tous les bits sont "inversés" (1 devient 0 et 0 devient 1) et, enfin, on ajoute une unité au résultat. Voici quelques exemples :

```
-1   1111111111111111
-2   1111111111111110
-3   1111111111111101
-4   1111111111111100
-16  1111111111110000
-256 1111111100000000
```

En ce qui concerne les limitations de ce codage, on peut montrer qu'avec 16 bits on représente des entiers s'étendant de -32 768 à 32 767 (cette dernière valeur s'écrivant ainsi en binaire 01111111 11111111) ; avec 32 bits, on peut couvrir les valeurs allant de -2 147 483 648 à 2 147 483 647.

Remarques On peut se représenter la technique du complément à deux en considérant un compteur de tours d'un magnétophone. Si l'on revient en arrière à partir de 0, on s'apperçoit que -1 est en fait représenté par 9 999 (si le compteur est à 4 chiffres). Ce codage présente plusieurs avantages :

– le nombre 0 est codé d'une seule manière (0000000000000000),

– les circuits électroniques réalisant les différentes opérations arithmétiques sont les mêmes, que l'on ait affaire à des opérandes positifs, négatifs ou les deux à la fois.

Si l'on ajoute 1 au plus grand nombre positif (ici 0111111111111111, soit 32767 en décimal) et que l'on ne tient pas compte de la dernière retenue (ou, ce qui revient au même, si l'on ne considère que les 16 derniers bits du résultat), on obtient... le plus petit nombre négatif possible (ici 1000000000000000, soit -32768 en décimal).

1.2 Les différents types entiers

Jusqu'ici, nous n'avons parlé que du type *int*. En fait, le langage C prévoit que, sur une machine donnée, on puisse trouver jusqu'à trois "tailles" différentes d'entiers, désignées par les mots clés suivants :

- *short int* (qu'on peut abréger en *short*),

- *int* (c'est celui que nous avons utilisé jusqu'ici),

- *long int* (qu'on peut abréger en *long*).

Chaque taille impose naturellement ses limites mais ces dernières dépendent, non seulement du mot clé considéré, mais également de la machine utilisée : tous les int n'ont pas la même taille sur toutes les machines ! Fréquemment, deux des trois mots clés correspondent à une même taille.

De plus, chacun de ces trois types (*short*, *int* et *long*) peut être "nuancé" par l'utilisation du qualificatif *unsigned* (non signé), comme dans la déclaration :

```
unsigned int q ;
```

Dans ce cas, on ne représente plus que des nombres positifs ou nuls (par exemple, avec 16 bits, on peut représenter des nombres de 0 à 65535).

Ces possibilités d'utilisation de nombres non signés sont essentiellement réservées à des situations très particulières, notamment lorsque l'on cherche à manipuler les "contenus" de certains octets, voire de certains bits, sans chercher à leur attribuer une signification.

2. Les types flottants

Les type "flottants" permettent de représenter, de manière approchée, une partie des nombres réels. Rappelons qu'ils s'inspirent de la notation "scientifique" (ou "exponentielle") bien connue qui consiste à écrire un nombre sous la forme $1.5\ 10_{22}$ ou $0.472\ 10_{-8}$; dans une telle notation, on nomme "mantisses" les quantités telles que 1.5 ou 0.472 et "exposants" les quantités telles que 22 ou -8.

Plus précisément, un nombre réel sera représenté en flottant, en déterminant deux quantités M (mantisse) et E (exposant) telles que la valeur :

$$M \cdot B^E$$

représente une approximation de ce nombre. Comme il existe théoriquement une infinité de représentations possibles d'un même nombre (par exemple, en divisant M par B et en augmentant B de un, on obtient une autre solution), il est prévu une contrainte supplémentaire sur la valeur de M : on parle de "normalisation".

La base B est généralement unique pour une machine donnée : il s'agit souvent de 2 ou de 16 (attention, le fait que B vaille 16 n'empêche nullement M et E d'être codés en binaire) et elle ne figure pas explicitement dans la représentation machine du nombre. Un nombre fixe de bits est réservé au codage de la valeur de E ; il en va de même pour la valeur de M.

Le C prévoit trois types de flottants correspondant à des tailles globales (mantisse + exposant) différentes : *float*, *double* et *long double* ; là encore, ces tailles dépendent des machines concernées.

La connaissance des caractéristiques exactes du système de codage n'est généralement pas indispensable (sauf lorsque l'on souhaite effectuer des calculs d'erreurs très précis). En revanche, il est important de noter que de telles représentations sont caractérisées par deux éléments :

- la précision : lors du codage d'un nombre décimal quelconque dans un type flottant, il est nécessaire de ne conserver qu'un nombre fini de bits. Or, la plupart des nombres s'exprimant avec un nombre limité de décimales ne peuvent pas s'exprimer de façon exacte dans un tel codage. On est donc obligé de se limiter à une représentation approchée en faisant ce qu'on nomme une "erreur de troncature".

  Quelle que soit la machine utilisée, on est assuré que cette erreur (relative) ne dépassera pas 10^{-6} pour le type float et 10^{-10} pour le type long double. On notera qu'une telle erreur peut apparaître là où l'on ne l'attend pas toujours : lorsque l'on introduit une constante flottante telle que 0.1 dans un programme, on peut montrer que son codage en binaire (*float*) ne "tombe pas juste", de sorte que la valeur correspondante est légèrement erronée. On peut facilement s'en apercevoir en faisant afficher une telle valeur avec suffisamment de décimales.

- le domaine couvert, c'est-à-dire l'ensemble des nombres représentables à l'erreur de troncature près. Il découle directement de l'emplacement alloué à l'exposant (codé sous forme d'un petit entier avec signe) et de la valeur de B. Notez bien que, cette fois, ce domaine est limité à la fois du côté des grandes valeurs (par la plus grande valeur de l'exposant) et du côté des petites valeurs (par la plus petite valeur, négative, de l'exposant). Là encore, quelle que soit la machine utilisée, on est assuré que la valeur absolue des nombres représentables s'étendra au moins de 10^{-37} à 10^{+37}.

3. Les conversions

Nous avons vu que le compilateur pouvait être amené à mettre en place des opérations de conversion :

- pour amener un opérateur binaire à porter sur deux quantités de même type : on parle de conversions d'ajustement de type.

lorsque la variable mentionnée à gauche d'une affectation n'est pas du même type que l'expression figurant à droite.

Comme on peut s'en douter, les nouveaux types présentés dans les précédents paragraphes induisent de nouvelles conversions d'ajustement de type.

Cependant, en langage C, les opérateurs numériques ne sont pas définis pour le type *short*. Pour qu'ils possèdent quand même une signification dans ce cas, il est prévu ce que l'on nomme une promotion numérique ; il s'agit d'une conversion (de *short* en *int*) qui est mise en place systématiquement. En plus, le type *char* est, lui aussi, soumis à une promotion numérique (cette fois de *char* en *int*), ce qui lui permet, au bout du compte, d'être considéré comme un (petit) type entier. Voyons cela plus en détail.

3.1 Les conversions d'ajustement de type

Jusqu'ici, nous n'avions rencontré que la conversion *int* —> *float*. Compte tenu des autres types que nous venons de rencontrer, nous voyons qu'il en existe beaucoup d'autres. D'une manière générale, une telle conversion ne peut se faire que suivant une "hiérarchie" qui permet de ne pas dénaturer la valeur initiale, à savoir :

```
int -> long -> float -> double -> long double
```

Rappelons que le choix des conversions à mettre en œuvre est effectué en considérant un à un les opérandes concernés et non pas l'expression de façon globale.

3.2 Les promotions numériques

En fait, le langage C prévoit tout simplement que toute valeur de l'un des types char ou short apparaissant dans une expression est d'abord convertie en int, et cela sans considérer les types des éventuels autres opérandes.

Par exemple, si *p1*, *p2* et *p3* sont de type *short* et *x* de type *float*, avec l'expression :

```
p1 * p2 + p3 * x
```

il y aura tout d'abord conversion systématique de *p1*, *p2* et *p3* en *int*. Le produit *p1*p2* sera donc opéré sur des valeurs de type *int* et il fournira un résultat entier. De plus, *p3* (déjà converti systématiquement en *int*) sera converti en float pour pouvoir être multiplié par *x* et le résultat sera de type *float*. Enfin, le précédent résultat (*p1*p2*), de type *int*, sera converti en *float* pour être ajouté à *x* et donner, au bout du compte, un résultat de type *float*.

 En principe, comme nous l'avons déjà dit, les types entiers peuvent être non signés (*unsigned*). Sachez que nous vous déconseillons fortement de mélanger, dans une même expression, des types signés et des types non signés, dans la mesure où les conversions qui en résultent sont généralement dénuées de sens (et simplement faites pour "préserver un motif binaire").

3.3 Le cas du type char

A priori, vous pouvez être surpris de l'existence d'une conversion systématique (promotion numérique) de *char* en *int* et vous interroger sur sa signification. En fait, il ne s'agit que d'une question de "point de vue". En effet, une valeur de type caractère peut être considérée de deux façons :

- comme le caractère concerné : a, Z, fin de ligne…

- comme le code de ce caractère, c'est-à-dire un motif de 8 bits ; or, à ce dernier, on peut toujours faire correspondre un nombre entier (le nombre qui, codé en binaire, fournit le motif en question) ; par exemple, dans le code ASCII, le caractère A est représenté par le motif binaire 01000101, auquel on peut faire correspondre le nombre 69.

Effectivement, on peut dire qu'en quelque sorte le langage C confond facilement un caractère avec la valeur (entier) du code qui le représente. Notez bien que, comme toutes les machines n'emploient pas le même code pour les caractères, l'entier associé à un caractère donné ne sera pas toujours le même.

Voici quelques exemples d'évaluation d'expressions, dans lesquels on suppose que *c1* et *c2* sont de type *char*, tandis que *n* est de type *int*.

c1 + 1

c1 est d'abord soumis à une promotion numérique *char—>int* ; on ajoutera ensuite 1 à la valeur obtenue, pour aboutir à un résultat de type *int*.

c1 - c2

Bien que les deux opérandes soient de type *char*, il y a quand même conversion préalable de leurs valeurs en *int* (promotions numériques). Le résultat de la soustraction sera de type *int*.

Les paramètres d'appel d'une fonction peuvent être également soumis à des conversions. Lorsque la fonction concernée dispose d'un prototype, celles-ci sont analogues à des conversions forcées par une affectation et peuvent, éventuellement, être dégradantes. Mais, dans certains cas (*printf* et *scanf* notamment) le compilateur ne connaît pas le type des paramètres effectifs ; dans ce cas, il applique les règles de promotions numériques que nous venons de rencontrer (*char* et *short int —> int*), auxquelles il adjoint une promotion numérique supplémentaire *float —> double* ; ainsi :

- tout paramètre de type *char* ou *short* est converti en *int* ; autrement dit, le code *%c* s'applique aussi à un *int* : il affichera tout simplement le caractère ayant le code correspondant ; de même, on obtiendra la valeur numérique du code d'un caractère c en écrivant : *printf ("%d", c)* ,

- tout paramètre de type *float* sera converti en double ; ainsi le code *%f* pour *printf* correspond-il à un double, et il n'est pas besoin de prévoir un code pour un *float*.

3.4 Les conversions forcées par une affectation

Lors d'une affectation, toute conversion d'un type numérique dans un autre est acceptée par le compilateur. Le résultat obtenu lors de l'exécution n'est cependant correct que si la valeur de départ est représentable (même très approximativement) dans le type d'arrivée. Par exemple, la conversion d'un flottant (*float*, *double* ou *long double*) contenant la valeur 1.7 en un entier (*int*, *long int* ou même *char*) conduira "sans problème" à la valeur 1 ; en revanche, la conversion en *int* d'un flottant de valeur 1e65 conduira à un résultat fantaisiste sur la plupart des machines…

3.5 Pour forcer une conversion : l'opérateur de "cast"

L'affectation peut introduire une conversion forcée, mais cette dernière ne peut porter que sur le résultat de l'expression arithmétique figurant à droite du signe égal. Dans certains cas, cela peut s'avérer insuffisant. Par exemple, avec ces déclarations :

```
float x ;
int n=8, p=5 ;
```

l'instruction :

```
x = n/p ;
```

affecte à *x*, le résultat de la division entière de *n* par *p*, après l'avoir converti en flottant, c'est-à-dire ici 1. Si l'on souhaite obtenir une division exacte, on peut toujours procéder ainsi (on obtiendra bien une valeur approchée de 1,6 dans x) :

```
x = n ;
x = x/p ;
```

Mais, en fait, il existe (pour chaque type) un opérateur qui force la conversion dans ce type d'une expression quelconque. Il se note sous la forme (*type*) et il est plus prioritaire que les opérateurs arithmétiques. Par exemple, avec :

```
x = (float)n/p ;   /* ou, éventuellement = (float)n / (float)p ; */
```

on convertira la valeur de *n* en flottant ; ensuite, les règles habituelles d'évaluation des expressions amèneront une conversion de *p* en flottant…

Compléments 2

Des instructions de contrôle spécifiques au langage C : switch, continue, break et goto

Dans les chapitres 4 et 5, nous vous avons présenté les principales instructions permettant de réaliser des structures de choix ou de répétition. Comme nous l'avons déjà dit, on peut démontrer qu'elles suffisent à réaliser n'importe quel programme (il suffit même d'une seule répétition conditionnelle).

Le langage C offre des possibilités supplémentaires qui font plus ou moins intervenir la notion de branchement et qui ne se retrouvent pas intégralement dans les autres langages (c'est ce qui justifie leur présentation tardive) :

- d'une part, l'instruction *switch* qui permet de réaliser des "choix multiples",

- d'autre part, les instructions *continue*, *break* et *goto* qui permettent de programmer des branchements inconditionnels.

1. L'instruction switch

1.1 Exemples introductifs de l'instruction switch

L'instruction *if* permettait de traduire un choix entre deux possibilités en se basant sur une condition. En langage C, il est possible de programmer des "choix multiples", c'est-à-dire que le choix peut éventuellement porter sur plus de deux possibilités. Mais il se fonde, cette fois, sur la valeur d'une expression entière et non plus sur une condition et, de surcroît, il fait intervenir une instruction de branchement inconditionnel.

a) *Un premier exemple*

```
main()
{  int n ;
   printf ("donnez un entier : ") ;
   scanf ("%d", &n) ;
   switch (n)
   { case 0 : printf ("nul\n") ;
              break ;
     case 1 : printf ("un\n") ;
              break ;
     case 2 : printf ("deux\n") ;
              break ;
   }
   printf ("au revoir\n") ;
}
```

```
donnez un entier : 0
nul
au revoir
```

```
donnez un entier : 2
deux
au revoir
```

```
donnez un entier : 5
au revoir
```

L'instruction *switch* s'étend ici sur 8 lignes (elle commence au mot *switch* et elle contient tout le bloc qui suit). Son exécution se déroule comme suit. On commence tout d'abord par évaluer l'expression figurant après le mot *switch* (ici *n*). Ensuite de quoi, on recherche, dans le bloc qui suit, s'il existe une "étiquette" de la forme "case x" correspondant à la valeur ainsi obtenue. Si c'est le cas, on "se branche" à l'instruction figurant après cette étiquette. Dans le cas contraire, on passe à l'instruction qui suit le bloc.

Ainsi, par exemple, quand *n* vaut 0, on trouve effectivement une étiquette "case 0" et l'on exécute l'instruction correspondante, c'est-à-dire :

```
printf ("nul") ;
```

On passe ensuite, naturellement, à l'instruction suivante, à savoir, ici :

```
break ;
```

Celle-ci demande en fait de sortir du bloc. Notez bien que le rôle de cette instruction est fondamental. Voyez, à titre d'exemple, ce que produirait ce même programme, en l'absence d'instructions *break* :

```
main()
{
   int n ;
   printf ("donnez un entier : ") ;
   scanf ("%d", &n) ;
   switch (n)
   { case 0 : printf ("nul\n") ;
     case 1 : printf ("un\n") ;
     case 2 : printf ("deux\n") ;
   }
   printf ("au revoir\n") ;
}
```

```
donnez un entier : 0
nul
un
deux
au revoir
```

```
donnez un entier : 2
deux
au revoir
```

b) L'étiquette "default"

Il est possible d'utiliser le mot clé "default" comme étiquette à laquelle le programme se "branchera" dans le cas où aucune valeur satisfaisante n'aura été rencontrée auparavant. En voici un exemple :

```
main()
{
    int n ;
    printf ("donnez un entier : ") ;
    scanf ("%d", &n) ;
    switch (n)
    { case 0  :  printf ("nul\n") ;
                 break ;
      case 1  :  printf ("un\n") ;
                 break ;
      case 2  :  printf ("deux\n") ;
                 break ;
      default :  printf ("grand\n") ;
    }
    printf ("au revoir\n") ;
}
```

```
donnez un entier : 2
deux
au revoir
```

```
donnez un entier : 25
grand
au revoir
```

c) Un exemple plus général

D'une manière générale, on peut trouver :

- plusieurs instructions à la suite d'une étiquette,

- des étiquettes sans instructions, c'est-à-dire, en définitive, plusieurs étiquettes successives (accompagnées de leurs deux-points).

Voyez cet exemple, dans lequel nous avons volontairement omis certains "break".

```
main()
{  int n ;
   printf ("donnez un entier : ") ;
   scanf ("%d", &n) ;
   switch (n)
   { case 0  :  printf ("nul\n") ;
                break ;

     case 1  :
     case 2  :  printf ("petit\n") ;
     case 3  :
     case 4  :
     case 5  :  printf ("moyen\n") ;
                break ;
     default :  printf ("grand\n") ;
   }
}
```

```
donnez un entier : 1
petit
moyen
```

```
donnez un entier : 4
moyen
```

```
donnez un entier : 25
grand
```

1.2 La syntaxe de l'instruction switch

L'instruction *switch*

```
switch (expression)
    { case constante_1      : [ suite_d'instructions_1 ]
      case constante_2      : [ suite_d'instructions_2 ]
             ...............
      case constante_n      : [ suite_d'instructions_n ]
      [ default             : [ suite_d'instructions ]]
    }
```

expression :	expression entière quelconque,
constante :	expression constante d'un type entier quelconque (char est accepté car il sera converti en int),
suite d'instructions :	séquence d'instructions quelconques.

(les crochets [et] signifient que ce qu'ils renferment est facultatif).

Remarques Il est normal que cette instruction limite les valeurs des "étiquettes" à des valeurs entières ; en effet, il ne faut pas oublier que la comparaison d'égalité de la valeur d'une expression flottante à celle d'une constante flottante est relativement aléatoire, compte tenu de la précision limitée des calculs. En revanche, il est possible d'employer des constantes de type caractère, compte tenu de ce qu'il y aura systématiquement conversion en *int*. Cela autorise des constructions telles que (*n* étant de type *int*) :

```
switch (n)
    { case 'a' : ......
      case 'x' : .....
        .....
    }
```

ou, ce qui est plus usuel, c étant de type *char* :

```
switch(c)
    { case 'a' : ......
      case 'x' : .....
        ......
    }
```

Dans le chapitre I, nous avons dit que certains langages disposaient d'instructions toutes faites pour réaliser des "structures", tandis que d'autres devaient recourir à des instructions de "branchement". Le langage C est quelque peu "hybride" sur ce point puisque, comme vous le constatez, la structure de choix multiple qu'il vous offre se réalise à la fois avec *switch* et avec *break*. En fait, vous ne choisissez pas vraiment entre plusieurs ensembles d'instructions, mais plutôt entre plusieurs directions possibles (branchements) ; cependant, la nature même de cette instruction fait que, quel que soit le chemin choisi, à la fin, on se retrouve toujours au même endroit du programme (celui qui suit la fin de l'instruction *switch*).

2. Les instructions de branchement inconditionnel : break, continue et goto

Ces trois instructions fournissent des possibilités diverses de branchement inconditionnel. Les deux premières s'emploient principalement au sein de boucles tandis que la dernière est d'un usage libre mais peu répandu, à partir du moment où l'on cherche à structurer quelque peu ses programmes.

2.1 L'instruction break

Nous avons déjà vu le rôle de *break* au sein du bloc régi par une instruction *switch*.

Le langage C autorise également l'emploi de cette instruction dans une boucle. Dans ce cas, elle sert à interrompre le déroulement de la boucle, en passant à l'instruction qui suit cette boucle. Bien entendu, cette instruction n'a d'intérêt que si son exécution est conditionnée par un choix ; dans le cas contraire, en effet, elle serait exécutée dès le premier tour de boucle, ce qui rendrait la boucle inutile.

Voici un exemple montrant le fonctionnement de *break* :

```
main()
{
   int i ;
   for ( i=1 ; i<=10 ; i=i+1 )
      { printf ("début tour %d\n", i) ;
        printf ("bonjour\n") ;
        if ( i==3 ) break ;
        printf ("fin tour %d\n", i) ;
      }
   printf ("après la boucle") ;
}
```

```
début tour 1
bonjour
fin tour 1
début tour 2
bonjour
fin tour 2
début tour 3
bonjour
après la boucle
```

Remarque En cas de boucles "imbriquées", *break* fait sortir de la boucle la plus interne. De même, si l'instruction *break* apparaît dans un *switch* imbriqué dans une boucle, elle ne fait sortir que du switch.

2.2 L'instruction continue

L'instruction *continue*, quant à elle, permet de passer "prématurément" au tour de boucle suivant. En voici un premier exemple avec *for* :

```
main()
{
    int i ;
    for ( i=1 ; i<=5 ; i=i+1 )
        { printf ("début tour %d\n", i) ;
          if (i<4) continue ;
          printf ("bonjour\n") ;
        }
}
```

```
début tour 1
début tour 2
début tour 3
début tour 4
bonjour
début tour 5
bonjour
```

Et voici un second exemple avec *do … while* :

```
main()
{
   int n ;
   do
      { printf ("donnez un nb>0 : ") ;
        scanf ("%d", &n) ;
        if (n<0)   { printf ("svp >0\n") ;
                     continue ;
        }
        printf ("son carré est : %d\n", n*n) ;
      }
   while(n) ;
}
```

```
donnez un nb>0 : 4
son carré est : 16
donnez un nb>0 : -5
svp >0
donnez un nb>0 : 2
son carré est : 4
donnez un nb>0 : 0
son carré est : 0
```

Remarque   En cas de boucles "imbriquées", l'instruction *continue* ne concerne que la boucle la plus interne.

2.3 L'instruction goto

Elle permet le "branchement" en un emplacement quelconque du programme. Voyez cet exemple qui "simule", dans une boucle *for*, l'instruction *break* à l'aide de l'instruction *goto* (ce programme fournit les mêmes résultats que celui présenté comme exemple de l'instruction *break*).

```
main()
{
   int i ;
   for ( i=1 ; i<=10 ; i=i+1 )
      { printf ("début tour %d\n", i) ;
        printf ("bonjour\n") ;
        if ( i==3 ) goto sortie ;
        printf ("fin tour %d\n", i) ;
      }
   sortie : printf ("après la boucle") ;
}
```

```
début tour 1
bonjour
fin tour 1
début tour 2
bonjour
fin tour 2
début tour 3
bonjour
après la boucle
```

Compléments 3

Les opérateurs et les expressions en langage C

Dans cet ouvrage d'initiation à la programmation en C, nous avons mis l'accent sur les notions fondamentales de programmation, telles qu'elles apparaissent dans la plupart des langages. Dans cet esprit, nous avons évité d'insister sur les particularités du langage C lui-même. Or, précisément, ce langage est très atypique en ce qui concerne les opérateurs dont il dispose et la manière dont il considère les expressions arithmétiques. Ce chapitre fait le point sur ces différentes possibilités.

1. L'originalité des notions d'opérateur et d'expression en langage C

Le langage C est certainement l'un des langages les plus fournis en opérateurs. Cette richesse se manifeste à la fois au niveau des opérateurs "classiques", c'est-à-dire présents dans d'autres langages (opérateurs arithmétiques, de comparaison, logiques) et au niveau d'opérateurs plus spécifiques (opérateurs de manipulation de bits).

Mais, de surcroît, le C dispose d'un important éventail d'opérateurs originaux d'*affectation* et d'*incrémentation*.

Ce dernier aspect nécessite une explication. En effet, jusqu'ici, nous avons distingué, comme on le fait dans la plupart des autres langages :

▨ d'une part des expressions formées (entre autres) à l'aide d'opérateurs,

▨ d'autre part, des instructions pouvant éventuellement faire intervenir des expressions, comme, par exemple, l'instruction d'affectation :

```
y = a * x + b ;
```

ou encore l'instruction d'affichage :

```
    printf ("valeur %d", n + 2*p) ;
```

dans laquelle apparaît l'expression $n + 2 * p$.

Nous avons supposé implicitement (ce qui est le cas dans les langages autres que C) que :

▨ d'une part, l'expression possède une valeur mais ne réalise aucune action, en particulier aucune affectation d'une valeur à une variable,

▨ d'autre part, l'affectation réalise une affectation d'une valeur à une variable, mais ne possède pas de valeur.

Nous avions affaire à deux notions parfaitement disjointes.

En réalité, en langage C, il en va différemment puisque :

▨ d'une part, certains opérateurs (non encore étudiés, comme les opérateurs d'incrémentation) pourront non seulement intervenir au sein d'une expression (laquelle, au bout du compte, possédera une valeur), mais également agir sur le contenu de variables. Ainsi, l'expression (car, comme nous le verrons, il s'agit bien d'une expression en C) :

```
++i
```

▨ réalisera une action, à savoir : augmenter la valeur de i de 1 ; en même temps, elle aura une valeur, à savoir celle de i après incrémentation,

▨ d'autre part, une affectation telle que :

```
i = 5
```

▨ pourra, à son tour, être considérée comme une expression (ici, de valeur 5). D'ailleurs, en C, l'affectation (=) est un opérateur. Par exemple, la notation suivante :

```
k = i = 5
```

▨ représente une expression en C (ce n'est pas encore une instruction – nous y reviendrons). Elle sera interprétée comme :

```
k = (i = 5)
```

Autrement dit, elle affectera à *i* la valeur 5, puis elle affectera à *k* la valeur de l'expression *i = 5*, c'est-à-dire *5*.

En fait, en C, les notions d'expression et d'instruction sont étroitement liées puisque la principale instruction simple de ce langage est… une expression terminée par un point-virgule. On la nomme souvent "instruction expression". Voici des exemples de telles instructions qui reprennent les expressions évoquées ci-dessus :

```
++i ;
i = 5 ;
k = i = 5 ;
```

Dans le dernier cas, la valeur de l'expression *i=5*, c'est-à-dire 5, est à son tour affectée à *k* ; par contre, la valeur finale de l'expression complète est, là encore, inutilisée.

L'instruction :

```
printf ("%d", n) ;
```

est aussi une expression instruction, car *printf ("%d", n)* est une expression réduite à un appel de fonction qui renvoie une valeur (que nous n'utilisons pas ici).

2. L'opérateur d'affectation ordinaire

Jusqu'ici, nous avons utilisé une affectation telle que :

```
i = 5 ;
```

uniquement pour l'action qu'elle provoquait : affecter à la variable *i* la valeur 5.

En fait, sans le point-virgule, *i=5* est une expression qui :

- réalise une action : l'affectation de la valeur 5 à *i*,

- possède une valeur, à savoir celle de *i* après affectation, c'est-à-dire 5.

L'affectation = est donc considérée par le C comme un opérateur à deux opérandes. On voit cependant que le premier de ces deux opérandes doit être une "référence" à un "emplacement mémoire" dont on pourra effectivement modifier la valeur ; il ne peut pas s'agir, par exemple, d'une constante.

Comme *i=5* est une expression, l'instruction suivante est correcte :

```
printf ("%d", i=5) ;
```

L'évaluation de l'expression *i=5* conduit à affecter la valeur 5 à la variable *i* ; ensuite de quoi, on affiche la valeur de cette expression *i=5*, c'est-à-dire 5.

Il est possible d'écrire une expression telle que :

```
i = j = 5
```

Dans ce cas, il faut savoir dans quel ordre est appliqué chacun des deux opérateurs = ; tout se passe comme si l'on avait écrit :

```
i = (j = 5)
```

Autrement dit, on évalue d'abord l'expression *j = 5* avant d'en affecter la valeur (5) à la variable *j*. Bien entendu, la valeur finale de cette expression est celle de *i* après affectation, c'est-à-dire 5.

On dit que l'opérateur = possède une "associativité de droite à gauche" ; notez que la plupart des opérateurs possèdent, comme en algèbre, une associativité de gauche à droite.

3. Les opérateurs d'incrémentation et de décrémentation

Dans les affectations suivantes :

```
i = i + 1
n = n - 1
```

on "incrémente" (augmente) ou on "décrémente" (diminue) de 1 la valeur d'une "variable". En C, ces actions peuvent être réalisées par des opérateurs "unaires" portant sur cette variable. Ainsi, l'expression :

```
++i
```

a pour effet d'incrémenter de 1 la valeur de *i* et sa valeur est celle de *i* après incrémentation.

Là encore, comme pour l'affectation, nous avons affaire à une expression qui non seulement possède une valeur, mais qui, de surcroît, réalise une action (incrémentation de *i*).

Il est important de voir que la valeur de cette expression est celle de *i* après incrémentation. Ainsi, si la valeur de *i* est 5, l'expression :

```
n = ++i - 5
```

affectera à *i* la valeur 6 et à *n* la valeur 1.

En revanche, lorsque cet opérateur est placé après la variable sur laquelle il porte, la valeur de l'expression correspondante est celle de la variable avant incrémentation. Ainsi, si *i* vaut 5, l'expression :

```
n = i++ - 5
```

affectera à *i* la valeur 6 et à n la valeur 0 (car ici la valeur de l'expression *i++* est 5).

Bien entendu, lorsque seul importe l'effet d'incrémentation d'une variable, cet opérateur peut être indifféremment placé avant ou après son nom. Ainsi, ces deux instructions (ici, il s'agit bien d'instructions car les expressions sont terminées par un point-virgule – leur valeur se trouve donc inutilisée) sont équivalentes :

```
i++ ;
++i ;
```

De la même manière, il existe un opérateur de décrémentation noté :

```
--
```

Voici un exemple classique d'utilisation de l'opérateur ++ : nous pouvons lire l'ensemble des valeurs d'un tableau nommé *t* en répétant (dans une boucle *while* ou *do... while* la seule instruction :

```
t [i++] = getchar() ;
```

Celle-ci réalisera à la fois :

- la lecture d'un caractère au clavier,

- l'affectation de ce caractère à l'élément de rang *i* du tableau *t*,

- l'incrémentation de 1 de la valeur de *i* (qui sera ainsi préparée pour la lecture du prochain élément).

4. Les opérateurs d'affectation élargie

C vous permet de remplacer :

```
i = i + k
```

par :

```
i += k
```

ou, mieux encore :

```
a = a * b
```

par :

```
a *= b
```

D'une manière générale, C permet de condenser les affectations de la forme :

```
variable  =  variable  opérateur  expression
```

en :

```
variable  opérateur =  expression
```

Cette possibilité concerne, notamment, tous les opérateurs binaires arithmétiques, ce qui signifie qu'on rencontre les opérateurs suivants :

```
+=    -+    *=    /=    %=
```

5. Les conditions sont en fait des expressions numériques

Nous vous avons présenté la notion de condition en vous précisant qu'elle pouvait posséder seulement deux valeurs : vrai ou faux. En réalité, en langage C, la notion de condition n'existe pas vraiment ; plus précisément, les opérateurs de comparaison (nommés aussi opérateurs relationnels) fournissent un nombre entier, valant 0 ou 1.

Ainsi, lorsque nous avons dit qu'une instruction (telle que *if*, *while*, *do...while* ou *for*) examinait une condition, il faut comprendre qu'en fait elle se contente de comparer une expression numérique à zéro et tout ce qui est non nul est traité comme "vrai". Par exemple, d'une part, avec :

```
if (a<b) ...
```

la valeur de l'expression *a<b* est soit l'entier 0, soit l'entier 1 ; il ne s'agit là que d'une convention peu compromettante ;

En revanche, une instruction telle que la suivante est correcte :

```
if (n) .....
    else .....
```

Si n est non nul, on exécute les instructions correspondant au cas vrai ; si n est nul, on exécute les instructions correspondant au cas faux.

Certains "styles" de programmation exploitent systématiquement de telles possibilités.

6. L'opérateur séquentiel

6.1 Présentation de l'opérateur séquentiel

Nous venons de voir qu'en C la notion d'expression est beaucoup plus générale que dans la plupart des autres langages. L'opérateur dit "séquentiel" va élargir encore un peu plus cette notion d'expression. En effet, celui-ci permet, en quelque sorte, d'exprimer plusieurs calculs successifs au sein d'une même expression. Par exemple :

```
a * b , i + j
```

est une expression qui évalue d'abord $a*b$, puis $i+j$ et qui prend comme valeur la dernière calculée (donc ici celle de $i+j$). Certes, dans cet exemple d'"école", le calcul préalable de $a*b$ est inutile puisqu'il n'intervient pas dans la valeur de l'expression globale et qu'il ne réalise aucune action.

En revanche, une expression telle que :

```
i++, a + b
```

peut présenter un intérêt puisque la première expression (dont la valeur ne sera pas utilisée) réalise en fait une incrémentation de la variable i.

Il en est de même de l'expression suivante :

```
i++, j = i + k
```

dans laquelle, il y a :

- évaluation de l'expression $i++$,

- évaluation de l'affectation $j = i + k$. Notez qu'alors on utilise la valeur de i après incrémentation par l'expression précédente.

Cet opérateur séquentiel, qui jouit d'une associativité de "gauche à droite", peut facilement faire intervenir plus de deux expressions (sa faible priorité évite l'usage de parenthèses) :

```
i++, j = i+k, j−
```

Remarque Dans une liste de paramètres (comme, notamment, dans *printf* ou *scanf*) la virgule utilisée n'est pas l'opérateur séquentiel.

6.2 Exemples d'utilisation de l'opérateur séquentiel

Certes, l'opérateur séquentiel peut être utilisé pour réunir plusieurs instructions en une seule. Ainsi, par exemple, ces deux formulations sont équivalentes :

```
i++, j = i+k, j− ;
i++ ; j = i+k ; j− ;
```

Dans la pratique, ce n'est cependant pas là le principal usage que l'on fera de cet opérateur séquentiel. Par contre, ce dernier pourra fréquemment intervenir dans les instructions de choix ou dans les boucles ; là où celles-ci s'attendent à trouver une seule expression, l'opérateur séquentiel permettra d'en placer plusieurs et, partant, d'y réaliser plusieurs calculs ou plusieurs actions. En voici des exemples.

a) Exemples avec if

```
if (i++, k>0) ......
```

remplace :

```
i++ ; if (k>0) ......
```

b) Exemples avec do... while

La construction :

```
do {....} while (1) ;
```

est correcte et représente, en apparence, une "boucle infinie" ; en fait, il est possible qu'une instruction *break* figure dans le bloc, permettant, le cas échéant, à la boucle de se terminer.

De même, la construction :

```
do { }
while (   printf ("donnez un nb > 0 :"), scanf ("%d", &n),
    printf ("vous avez fourni %d", n), n <= 0 ) ;
```

est curieuse mais syntaxiquement correcte ; elle est équivalente à :

```
do
    { printf ("donnez un nb >0 : ") ;
      scanf ("%d", &n) ;
      printf ("vous avez fourni %d\n", n) ;
    }
while (n<=0) ;
```

En effet, comme nous l'avons déjà indiqué, les appels de fonctions *scanf* et *printf* sont, eux aussi, des expressions (dont nous n'utilisons généralement pas la valeur).

c) Exemples avec for

Voici d'autres exemples dont la compréhension nécessite de savoir que la syntaxe de l'instruction *for* fait intervenir, en fait, trois expressions quelconques (jusqu'ici, nous avons dit qu'il s'agissait d'instructions sans point-virgule !) ; l'instruction :

```
for (i=1, k=0 ; ... ; ... ) .......
```

remplace :

```
i=1 ; for (k=0 ; ... ; ... ) ......
```

Compte tenu de ce que l'appel d'une fonction n'est en fait rien d'autre qu'une expression, la construction suivante est parfaitement valide en C :

```
for (i=1, k=0, printf("on commence") ; ... ; ...) ......
```

Correction des exercices

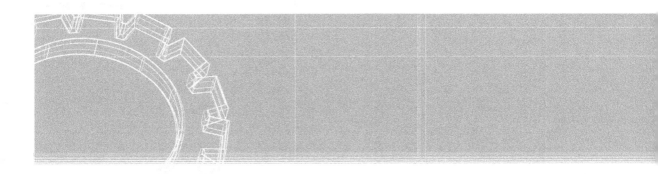

CHAPITRE II

Exercice II.1

	a	b	c
$a = 5$	5	–	–
$b = 3$	5	3	–
$c = a + b$	5	3	8
$a = 2$	2	3	8
$c = b - a$	2	3	1

Exercice II.2

On obtiendra la valeur 6 dans a et la valeur 2 dans b.

On obtiendra la valeur 6 dans a et la valeur 2 dans b.

Exercice II.3

a) On obtiendra la valeur 7, à la fois dans $n1$ et dans $n2$.

b) On obtiendra la valeur 5, à la fois dans $n1$ et dans $n2$.

Exercice II.4

```
d = a            d= b            d = c
a = b     ou     b = c     ou    c = a
b = c            c = a           a = b
c = d            a = d           b = d
```

Exercice II.5

```
n + p / q            8 + 13/29 = 8
n + q / p            8 + 29/13 = 10
(n + q) / p          (8 + 29)/13 = 37/13 = 2
n + p % q            8 + 13%29 = 8 + 13 = 21
n + q % p            8 + 29%13 = 8 + 3 = 11
(n + q) % p          (8 + 29) % 13 = 37%13 = 11
n + p / n + p        8 + 13/8 + 13 = 8 + 1 + 13 = 22
(n + p) / (n + p)    (8 + 13) / (8 + 13) = 21/21 = 1
```

Exercice II.6

(1) *float* : environ 5,5

(2) *float* : environ 3,5

(3) *float* : environ 1,7857 (12.5/7)

(4) *float* : environ 50

(5) *int* : 1

(6) *float* : environ 1,1

Exercice II.7

x : environ 3

y : environ 3,5

Exercice II.8

```
char c ;
   ...
c = ca ;
ca = cb ;
cb = c ;
```

CHAPITRE III

Exercice III.1

```
printf ("%d articles %c, de catégorie %c", qte, art, cat) ;
```
on obtient :
```
50 articles
de categorie B
```

Exercice III.2

```
main()
{
    int nb_art = 5 ;
    float prix_HT = 42.15 ;
    float prix_TTC ;
    prix_TTC = prix_HT * nb_art * 1.196 ;
    printf ("nombre d articles   : %d\n",   nb_art) ;
    printf ("prix HT             : %8.2f\n", prix_HT) ;
    printf ("prix TTC            : %8.2f\n", prix_TTC) ;
}
```

Remarques :

1) Nous aurions pu utiliser moins d'instructions *printf*, éventuellement une seule, mais il aurait été moins facile de mettre en évidence les différents libellés affichés.

2) Attention à ne pas utiliser comme code de format *%f8.2* au lieu de *%8.2f* car, dans ce cas, le code de format réellement utilisé serait *%f*, et la suite serait interprétée comme un libellé, c'est-à-dire affichée à la suite du résultat.

3) Si nous avions voulu obtenir l'affichage de nombre d'articles (avec l'apostrophe), il aurait été nécessaire de recourir à la notation \' pour l'apostrophe (revoyez éventuellement le paragraphe 7.2 du chapitre II) dans l'instruction d'écriture :

```
printf ("nombre d\'articles : %d\n",   nb_art) ;
```

Exercice III.3

```
main()
{
    float rayon = 5.27e5 ;
    float p, a ;
    float pi = 3.1415926 ;
    p = 2 * pi *rayon ;
    a = pi * rayon * rayon ;
    printf ("rayon         : %10.3e\n", rayon) ;
```

```
    printf ("perimètre    : %10.3e\n", p) ;
    printf ("aire         : %10.3e\n", a) ;
}
```

Remarques :

1) Il est nécessaire de fournir la valeur de pi. Ici, nous avons utilisé une variable à cet effet ; nous verrons plus tard qu'il est possible d'utiliser des symboles définis par la directive *#define*.

2) Rappelons qu'il n'existe pas d'opérateur pour l'élévation à la puissance, ni même au carré ; il existe une fonction (nommée *power*) qui permet de calculer a^b mais, de toute façon, son emploi ne serait guère justifié ici.

Exercice III.4

```
main()
{
    int nb_art ;
    float prix_HT ;
    float prix_TTC ;
    printf ("donnez le nombre d articles et leur prix HT\n") ;
    scanf ("%d%e", &nb_art, &prix_HT) ;
    prix_TTC = prix_HT * nb_art * 1.1232 ;
    printf ("nombre d articles    : %d\n", nb_art) ;
    printf ("prix HT              : %8.2f\n", prix_HT) ;
    printf ("prix TTC             : %8.2f\n", prix_TTC) ;
}
```

Exercice III.5

a) $n = 253, p = 45$

b) $n = 253, p = 4$ (les derniers caractères de la deuxième ligne pourront éventuellement être utilisés par une instruction de lecture ultérieure).

Exercice III.6

```
main()
{
    char cat, art ;
    int qte ;
    printf ("article : ") ;
    scanf ("%c", &art) ;
    printf ("catégorie : ") ;
```

```
        scanf (" %c", &cat) ;    /* attention : espace avant
                                     %c indispensable */
        printf ("quantité : ") ;
        scanf ("%d", &qte) ;
        printf ("%d articles %c, de catégorie %c", qte, art, cat) ;
    }
```

CHAPITRE IV

Exercice IV.1

a) Solution sans création de nouvelle variable :

```
    main()
    {
        float x, y ;
        printf ("donnez deux nombres : ") ;
        scanf ("%e%e", &x, &y) ;
        printf ("nombres ordonnés par valeurs croissantes\n") ;
        if (x < y) printf ("%e %e", x, y) ;
             else printf ("%e %e", y, x) ;
    }
```

b) Solution avec création d'une nouvelle variable :

```
    main()
    {
        float x, y, z ;
        printf ("donnez deux nombres : ") ;
        scanf ("%e%e", &x, &y) ;
        if   (x > y )      /* si les deux valeurs ne sont pas dans
                              le bon ordre */
          { z = x ;        /* on les échange */
            x = y ;
            y = z ;
          }
        printf ("nombres ordonnés par valeurs croissantes\n%e %e",
            x, y) ;
    }
```

Exercice IV.2

```
main()
{
    float rayon, perim, aire ;
    float pi = 3.1415926 ;
    char rep ;
    printf ("donnez le rayon : ") ;
    scanf ("%e", &rayon) ;
    printf ("voulez-vous le périmètre (O/N) ? ") ;
    scanf (" %c", &rep) ;    /* attention à l'espace avant %c */
    if   (rep == 'O')
        { perim = 2 * pi * rayon ;
          printf ("perimètre : %e\n", perim) ;   /* sans \n la
                                                     question suivante
                                                     apparaitrait sur
                                                     la meme ligne */

        }
    printf ("voulez-vous l\'aire (O/N) ? ") ;
    scanf (" %c", &rep) ;    /* attention à l'espace avant %c */
    if (rep == 'O')
        { aire = pi * rayon * rayon ;
          printf ("aire : %e\n", aire) ;     /* ici, le \n peut
                                                être omis */

        }
}
```

Attention, les espaces précédant les codes de format *%c* sont indispensables. Si, notamment, vous oubliez le premier, c'est le caractère de validation de la valeur numérique précédente qui sera lu en guise de réponse et qui, ici, sera interprété comme une réponse négative.

Exercice IV.3

```
main()
{
    int a, b, c ;
    printf ("donnez trois nombres entiers :\n") ;
    scanf ("%d%d%d", &a, &b, &c) ;
    if ( (a<b) && (b<c) )
        printf ("vos nombres sont rangés par valeurs croissantes") ;
     else
        printf ("vos nombres ne sont pas rangés par valeurs  croissantes") ;
}
```

Exercice IV.4

```
if (condition1)
   { ..... }   /* réalisé si condition1 est vraie */
if (condition1 && condition2)
   { ..... }   /* réalisé si condition 1 et condition 2 sont vraies */
if (condition1 && (! condition2) )
   { ..... }   /* réalisé si condition 1 est vraie et condition 2
                   fausse */
if (!condition1)
   { ..... }   /* réalisé si condition 1 est fausse */

.....          /* réalisé dans tous les cas */
```

Exercice IV.5

```
main()
{
    float a, b, racine ;
    printf ("donnez les coefficients : ") ;
    scanf ("%e%e", &a, &b) ;
    if ( a != 0 )
       { racine = - b / a ;
         printf ("solution : %e\n", racine) ;
       }
    if ( (a == 0) && (b == 0) ) printf ("solution indéterminée\n") ;
    if ( (a == 0) && ( b!= 0) ) printf ("pas de solution\n");
}
```

Exercice IV.6

```
main()
{   float net, net_r ;
    float taux_r ;
    float remise ;
    printf("donnez le prix net : ") ;
    scanf ("%f", &net) ;
    if ( net < 2000.) taux_r = 0 ;
       else if ( net < 5000 ) taux_r = 1. ;
          else taux_r = 2.
    remise = net * taux_r / 100. ;
    net_r = net - remise ;
    printf ("remise    %10.2f\n", remise) ;
    printf ("net à payer   %10.2f\n", net_r) ;
}
```

CHAPITRE V

Exercice V.1

```
main()
{
    int n ;
    do
        { printf ("donnez un entier positif inférieur à 100 : ") ;
          scanf ("%d", &n) ;
        }
    while ( (n <=0 ) || (n >= 100) ) ;
    printf ("merci pour le nombre %d", n) ;
}
```

Exercice V.2

```
main()
{
    int n ;
    printf ("donnez un entier positif inférieur à 100 : ") ;
    do
        { scanf ("%d", &n) ;
          if ( (n <=0 ) || (n >= 100) )
                printf ("SVP positif inférieur à 100 : ") ;
        }
    while ( (n <=0 ) || (n >= 100) ) ;
    printf ("merci pour le nombre %d", n) ;
}
```

Exercice V.3

Si l'on utilise le canevas présenté comme équivalent à une instruction *do...while*, on aboutit à la solution suivante :

```
main ()
{
    int n ;
    printf ("donnez un nombre entier : ") ;
    scanf ("%d", &n) ;
    printf ("voici son carré : %d\n", n*n) ;
    while (n != 0)
        { printf ("donnez un nombre entier : ") ;
          scanf ("%d", &n) ;
          printf ("voici son carré : %d\n", n*n) ;
        }
    printf ("fin du programme - au revoir") ;
}
```

Il est possible d'éviter d'écrire deux fois l'ensemble des instructions de la boucle en donnant artificiellement une valeur à *n*, avant d'aborder la boucle *while* :

```
main ()
{
    int n ;
    n = 1 ; /* valeur arbitraire non nulle pour forcer
                le premier tour */
    while (n != 0)
       { printf ("donnez un nombre entier : ") ;
         scanf ("%d", &n) ;
         printf ("voici son carré : %d\n", n*n) ;
       }
    printf ("fin du programme - au revoir") ;
}
```

On remarquera qu'aucune de ces deux formulations n'est aussi claire que celle utilisant une instruction *do… while*.

Exercice V.4

```
main()
{
    float cap_ini,     /* capital initial */
          cap,         /* capital à une année donnée */
          taux ;       /* taux du placement */
    int num_an ;       /* compteur d'années écoulées */
    printf ("donnez le capital à placer et le taux : ") ;
    scanf ("%e%e", &cap_ini, &taux) ;
    cap = cap_ini ;
    num_an = 0 ;       /* initialisation du compteur d'années */
    do
       { num_an = num_an + 1 ;  /* +1 sur le compteur d'années */
         cap = cap * (1 + taux) ;  /* progression du capital
                                      en 1 an */
         printf ("capital, à l\'année %d : %12.2f\n", num_an, cap) ;
       }
    while (cap <= 2 * cap_ini) ;
}
```

Exercice V.5

```
main()
{ int ncar ;             /* compteur du nombre de caractères */
  char c ;               /* pour lire un caractère de la ligne */
  printf ("donnez une ligne de texte quelconque :\n") ;
  ncar = 0 ;
  do
      { scanf ("%c", &c) ; /* lecture d'un caractère */
        ncar = ncar + 1 ;  /* comptage de ce caractère */
      }
  while (c != '\n') ;      /* jusqu'à fin de ligne */
  ncar = ncar - 1 ;        /* caractère de fin compté en trop */
  printf ("votre ligne comporte %d caractères", ncar) ;
}
```

Exercice V.6

```
main()
{ int debut,           /* premier entier à afficher */
      nv,              /* nombre d'entiers à afficher */
      i ;              /* compteur de répétitions */
  printf ("valeur initiale et nombre de valeurs : ") ;
  scanf ("%d%d", &debut, &nv) ;
  for (i=debut ; i<debut+nv ; i=i+1)
      printf ("%d\n", i) ;
}
```

Notez qu'il existe beaucoup d'autres formulations, par exemple :

```
for (i=0 ; i<nv ; i=i+1)
    printf ("%d\n", debut+i) ;
```

CHAPITRE VI

Exercice VI.1

```
main()
{ int i ;              /* pour le compteur de boucle sur les 20 notes */
  int n_moy ;          /* compteur du nombre de notes supérieures à 10 */
  int note ;           /* pour lire une note */
  float pourcent ;     /* pourcentage de notes supérieures à 10 */
  n_moy = 0 ;
  printf ("donnez 20 notes entières :\n") ;
  for ( i=1 ; i<=20 ; i=i+1)
      { scanf ("%d", &note) ;   /* lecture d'une note */
```

```
            if (note > 10) n_moy = n_moy + 1 ;    /* +1 sur compteur
                                                      si > 10 */
        }
    if (n_moy == 0) printf ("aucune note supérieure à 10") ;
        else { pourcent = (100.0 * n_moy) / 20 ;
            printf ("il y a %6.2f pour cent de notes > 10", pourcent) ;
              }
    }
```

Exercice VI.2

```
    main()
    {  int val ;
       int somme_pos, /* pour accumuler la somme des valeurs positives */
       n_pos,         /* pour compter le nombre de valeurs positives */
       somme_neg,     /* pour accumuler la somme des valeurs négatives */
       n_neg ;        /* pour compter le nombre de valeurs négatives */
       float moy ;    /* pour le calcul de moyenne des >=0 ou des <=0 */
       somme_pos = 0 ;
       n_pos = 0 ;
       somme_neg = 0 ;
       n_neg = 0 ;
       do
           { printf ("donnez un entier : ") ;
             scanf ("%d", &val) ;
             if (val > 0)
                 { somme_pos = somme_pos + val ;    /* 0 de fin non compté */
                   n_pos = n_pos + 1 ;
                 }
             if (val < 0)
                 { somme_neg = somme_neg + val ;    /* ici, non plus ... */
                   n_neg = n_neg + 1 ;
                 }
           }
       while (val != 0) ;   /* arrêt sur valeur nulle */
       if (n_pos != 0) { moy = somme_pos ;
                   moy = moy / n_pos ;   /* voir remarque */
                   printf ("moyenne des valeurs positives : %f\n", moy) ;
                   }
           else printf ("aucune valeur positive\n") ;
       if (n_neg != 0) { moy = somme_neg ;
                   moy = moy / n_neg ;   /* voir remarque */
                   printf ("moyenne des valeurs négatives : %f\n", moy) ;
               }
           else printf ("aucune valeur négative\n") ;
    }
```

Remarque :

On ne peut pas écrire directement :

```
moy = somme_pos / n_pos ;
```

car, dans ce cas, on obtiendrait la division entière de *somme_pos* par *n_pos*. Notez que nous aurions pu, en revanche, procéder (artificiellement) ainsi :

```
moy = (1. * somme_pos) / n_pos ;
```

car, dans ce cas, il y aurait eu conversion de somme_pos en flottant, pour pouvoir le multiplier par 1. La division aurait alors eu lieu en flottant.

À simple titre indicatif, sachez qu'il existe des "opérateurs" particuliers permettant de forcer la conversion dans un type donné, par exemple l'opérateur (*float*) pour la conversion en float, comme dans :

```
moy = (float)somme_pos / n_pos ;
```

Exercice VI.3

Cette fois, on est sûr que la valeur minimale des valeurs positives sera supérieure à 0, il est possible d'utiliser 0 comme valeur provisoire du minimum. La démarche est ensuite classique : elle consiste à comparer chaque valeur positive à ce maximum temporaire, en le modifiant dès qu'apparaît une valeur qui lui est supérieure. Cependant, si, à la fin du processus, la valeur maximale est toujours 0, c'est qu'en fait aucune valeur positive n'aura été trouvée. Il faudra donc en tenir compte dans l'affichage des résultats.

Le même raisonnement s'applique à la valeur maximale des valeurs négatives.

```
main()
{ int val ;
  int max_pos ;    /* pour le plus grand des positifs */
  int min_neg ;    /* pour le plus petit des négatifs */
  max_pos = 0 ;
  min_neg = 0 ;
  do
     { scanf ("%d", &val) ;
        if (val > max_pos) max_pos = val ; /* si val > max alors val >
0 */
        if (val < min_neg) min_neg = val ; /* si val < min alors val <
0 */
     }
  while (val != 0) ;
  if (max_pos != 0) printf ("maximum des valeurs > 0 %d\n", max_pos) ;
  if (min_neg != 0) printf ("minimum des valeurs < 0 %d\n", min_neg) ;
}
```

Exercice VI.4

Dans ce cas, aucune erreur ne sera décelée par le compilateur, mais vous n'obtiendrez pas les résultats escomptés : en effet, vous aurez affaire à deux instructions for consécutives et non plus à deux répétitions imbriquées. Vous obtiendrez tout d'abord les 10 titres de la forme *TABLE* des *x*, puis la table des 10 (en effet, *i* vaudra 10 puisque c'est là la valeur qui aura déclenché l'arrêt de la première boucle). Notez que les choses sont plus compréhensibles si l'on présente le programme d'une manière plus appropriée à la réalité :

```
for (i=1 ; i<=9 ; i=i+1)
    printf ("TABLE des %d\n", i) ;
for (j=1 ; j<=10 ; j=j+1)
  { prod = i * j ;
    printf ("%2d x %2d = %2d\n", i, j, prod) ;
  }
```

Voici les résultats obtenus :

```
TABLE des 1
TABLE des 2
TABLE des 3
TABLE des 4
TABLE des 5
TABLE des 6
TABLE des 7
TABLE des 8
TABLE des 9
10 x 1 = 10
10 x 2 = 20
10 x 3 = 30
10 x 4 = 40
10 x 5 = 50
10 x 6 = 60
10 x 7 = 70
10 x 8 = 80
10 x 9 = 90
10 x 10 = 100
```

Exercice VI.5

```
main()
{ int i, j ;
  int n_a ;                        /* nombre d'astérisques */
  printf ("combien d\'astérisques dans votre diagonale :") ;
  scanf ("%d", &n_a) ;
  for (i=1 ; i<=n_a ; i=i+1)
      { for (j=1 ; j< i ; j=j+1 )
            printf (" ") ;       /* on affiche j-1 espaces */
          printf ("*\n") ;       /* puis un astérisque et on change
                                    de ligne */

      }
}
```

CHAPITRE VII

Exercice VII.1

```
1 3 5 7 9 11
```

Exercice VII.2

```
1
1
2
3
5
8
13
21
```

Exercice VII.3

```
int i,
    pos ;                        /* pour la "position" du maximum */
int t[20] ;
    ....
pos = 0 ;       /* maximum provisoirement situé en position 0 */
for (i=1 ; i<20 ; i=i+1)    /* on explore les éléments
                               du second au dernier */

   if (t[i] < t[pos]) pos = i ;
```

Exercice VII.4

Il nous faut manifestement calculer la moyenne des notes fournies en données. Cela pourrait se faire sans utiliser de tableau. Cependant, il nous faut ensuite comparer chacune des notes à cette moyenne ; dans ces conditions, on voit qu'il est indispensable d'utiliser un tableau si l'on ne veut pas être obligé de demander deux fois les mêmes notes à l'utilisateur.

```
main()
{ float notes [25],          /* pour conserver les 25 notes */
  somme,                     /* pour la somme des notes */
  moyenne ;                  /* pour leur moyenne */
  int nb                     /* pour le nb de notes > moyenne */
  int i ;
                             /* lecture des notes */
  printf ("donnez vos 25 notes :\n") ;
  for (i=0 ; i<25 ; i=i+1)
     scanf ("%f", &notes[i]) ;
           /* calcul de leur moyenne */
  somme = 0 ;
  for (i=0 ; i<25 ; i=i+1)
     somme = somme + notes [i] ;
  moyenne = somme / 25 ;
           /* comptage nb notes > moyenne */
  nb = 0 ;
  for (i=0 ; i<25 ; i=i+1)
     if (notes[i] > moyenne) nb=nb+1 ;
     /* affichage du résultat */
  printf ("il y a %d notes > à la moyenne %9.2f", nb, moyenne) ;
}
```

Exercice VII.5

a)

```
1 2 3
4 5 6
```

b)

```
1 4 2 5 3 6
```

Exercice VII.6

```
0 1 1 2 2 3 3 4
```

Exercice VII.7

```
main()
{  int x [2] [3] ;
   int i, j ;
   for (i=0 ; i<2 ; i=i+1)
      { printf ("donnez les valeurs de la ligne numéro %d\n", i) ;
        for (j=0 ; j<3 ; j=j+1)
           scanf ("%d", &x[i][j]) ;
      }
   for (j=0 ; j<3 ; j=j+1)   /* on pourrait utiliser ici i */
      { printf ("voici la colonne numéro %d : ", j) ;
        for (i=0 ; i<2 ; i=i+1)   /* et ici j */
           printf ("%d ", x[i][j]) ;   /* en plaçant ici x[j][i] */
        printf ("\n") ;
      }
}
```

Exercice VII.8

```
int i, j, imax, jmax ;
int t[20][50] ;
   .....
imax = 0 ;         /* maximum situé provisoirement */
jmax = 0 ;         /* en t [0][0] */
for (i=0 ; i<20 ; i=i+1)
   for (j=0 ; j<50 ; j=j+1)
      if (t[i][j] > t[imax][jmax]) { imax = i ;
                                     jmax = j ;
                                   }
```

CHAPITRE VIII

Exercice VIII.1

```
2
3
4 5
```

Exercice VIII.2

```
float polynome (float a, float b, float c, float x)
{ float y ;
  y = a * x * x + b * x + c ;
  return y ;
}
```

Exercice VIII.3

a)
```
int i, j ;
for (i=1 ; i<=nl ; i=i+1)
   { for (j=1 ; j<=i ; j=j+1)
       printf ("*") ;
      printf ("\n") ;
   }
```

b)
```
void triangle (int nl)
{ int i, j ;
  for (i=1 ; i<=nl ; i=i+1)
     { for (j=1 ; j<=i ; j=j+1)
         printf ("*") ;
        printf ("\n") ;
     }
}
```

c)
```
main()
{ void triangle (int) ;
  triangle (2) ;
  triangle (3) ;    /* ou encore : int k ; for (k=2 ; k<=4 ; k=k+1)
                                                 triangle (k) ; */
  triangle (4) ;
}
void triangle (int nl)
{ int i, j ;
  for (i=1 ; i<=nl ; i=i+1)
     { for (j=1 ; j<=i ; j=j+1)
         printf ("*") ;
        printf ("\n") ;
     }
}
```

Exercice VIII.4

a)
```
void bonjour (void)
{ printf ("bonjour\n") ;
}
```

b)
```
void bonjour (void) ;
```

Exercice VIII.5

```
int t[10] ;
main()
{ void init (void) ;
  init() ;
}
void init (void)
{ int i ;
   for (i=0 ; i<10 ; i=i+1)
      t[i] = 1 ;
}
```

Il n'est pas possible d'utiliser la fonction init pour initialiser un autre tableau que *t*.

Exercice VIII.6

```
main()
{  int max_tab (int[], int) ;
   int t[5] = { 2, 5, 2, 8, 1} ;
   printf ("max de t : %d", max_tab(t, 5)) ;
}
int max_tab (int t[], int nelem)
{  int i ;
   int max ;
   max = t[0] ;
   for (i=1 ; i<nelem ; i=i+1)
      if (t[i] > max) max = t[i] ;
   return max ;
}
```

CHAPITRE IX

Exercice IX.1

```
void echange (int *, int *) ;    /* prototype de la fonction
                                      echange */
   .....
int i, j ;
for (i=0 ; i<NEL-1 ; i=i+1)
   for (j=i+1 ; j<NEL ; j=j+1)
      if (tab[i] > tab[j]) echange (&tab[i], &tab[j]) ;
```

Exercice IX.2

```
void maxmin (float t[], int nel, float * admax, float * admin)
{ int i ;
   * admax = t[0] ;    /* on suppose qu'il y a au moins un
                           élément dans le tableau */
   * admin = t[0] ;
   for (i=1 ; i<nel ; i=i+1)
      { if (t[i] > *admax) *admax = t[i] ;
        if (t[i] < *admin) *admin = t[i] ;
      }
}
```

On pourrait également introduire dans maxmin deux variables locales destinées à la détermination de la plus grande et de la plus petite valeur, à condition de prévoir, à la fin, leurs recopies aux adresses *admax* et *admin*. La fonction serait un petit plus lisible :

```
void maxmin (float t[], int nel, float * admax, float * admin)
{  int i ;
   float max ;
   float min ;
   max = t[0] ;       /* on suppose qu'il y a au moins un élément
                          dans le tableau */
   min = t[0] ;
   for (i=1 ; i<nel ; i=i+1)
      { if (t[i] > max) max = t[i] ;
        if (t[i] < min) min = t[i] ;
      }
   *admax = max ;
   *admin = min ;
}
```

À titre indicatif, voici un exemple d'utilisation de notre fonction :

```
#define NEL 5
main()
{ float val [NEL] = { 1.2, 4.5, 3.9, -4.2, 8.25 } ;
  float vmax, vmin ;
  void maxmin (float[], int, float *, float *) ;  /* prototype
                                                      de maxmin */
  maxmin (val, NEL, &vmax, &vmin) ;
  printf ("maxi : %f mini : %f", vmax, vmin) ;
}
```

CHAPITRE X

Exercice X.1

a)
```
#define LG_MOT 26
#include <stdio.h>
#include <string.h>
main()
{  char mot [LG_MOT+1] ; /* pour le mot lu - ne pas oublier +1 */
   int i ;
   printf ("donnez un mot : ") ;
   gets (mot) ;
   for (i=0 ; i<strlen(mot) ; i=i+1)
       printf ("%c\n", mot[i]) ;
}
```

b)
```
#define LG_MOT 26
#include <stdio.h>
#include <string.h>
main()
{  char mot [LG_MOT] ;    /* pour le mot lu - pas besoin de +1 ici*/
   char c ;               /* pour un caractère */
   int longueur ;         /* pour la longueur du mot */
   int i ;
       /* lecture du mot */
   printf ("donnez un mot :") ;
   i = 0 ;
   do
       { scanf ("%c", &c) ;   /* on lit un caractère ... */
         if (c != '\n') { mot [i] = c ;
                          i = i +1 ;
                        }
       }
   while (c != '\n') ;       /* ... jusqu'à fin de ligne */
   longueur = i ;
       /* affichage du mot */
   for (i=0 ; i<longueur ; i=i+1)
     printf ("%c\n", mot[i]) ;
}
```

Exercice X.2

```
#include <stdio.h>
#include <string.h>
main()
{
    char nom[20], prenom[20], ville[25] ;
    char texte[100] ;    /* pour le texte à afficher à la fin */
    printf ("quelle est votre ville : ") ;
    gets (ville) ;
    printf ("donnez votre nom et votre prénom : ") ;
    scanf ("%s %s", nom, prenom) ;
    strcpy (texte, "bonjour cher ") ; /* attention, strcpy et non
                                         strcat */
    strcat (texte, nom) ;
    strcat (texte, " ") ;
    strcat (texte, prenom) ;
    strcat (texte, " qui habitez à ") ;
    strcat (texte, ville) ;
    puts (texte) ;
}
```

Exercice X.3

```
#include <stdio.h>
#include <string.h>
#define LG_MOT 26
main()
{ char mot [LG_MOT+1] ;
    printf ("donnez un mot :") ;
    gets (mot) ;
    printf ("votre mot commence par %c\n", mot[0]) ;
    printf ("et il se termine par %c", mot[strlen(mot)-1]) ;
}
```

CHAPITRE XI

Exercice XI.1

```
#include <stdio.h>
#define NPOINTS 5
main()
{ struct point { int num ;
                 float x ;
                 float y ;
        } ;
     struct point courbe[NPOINTS] ;
     int i ;
        for (i=0 ; i<NPOINTS ; i=i+1)
           { printf ("numéro    : ") ; scanf ("%d", &courbe[i].num) ;
             printf ("x         : ") ; scanf ("%f", &courbe[i].x) ;
             printf ("y         : ") ; scanf ("%f", &courbe[i].y) ;
           }
        printf (" **** structure fournie ****\n") ;
        for (i=0 ; i<NPOINTS ; i=i+1)
           printf ("numéro : %d x : %f y : %f\n",
           courbe[i].num, courbe[i].x, courbe[i].y) ;
}
```

Exercice XI.2

```
#include <stdio.h>
#define NPOINTS 5
struct point { int num ;
               float x ;
               float y ;
             } ;
void lit     (struct point []) ;
void affiche (struct point []) ;
main()
{
   struct point courbe[NPOINTS] ;
   lit (courbe) ;
   affiche (courbe) ;
}

void lit (struct point courbe [])
```

```
        {
            int i ;
            for (i=0 ; i<NPOINTS ; i=i+1)
                { printf ("numéro : ") ; scanf ("%d", &courbe[i].num) ;
                  printf ("x      : ") ; scanf ("%f", &courbe[i].x) ;
                  printf ("y      : ") ; scanf ("%f", &courbe[i].y) ;
                }
        }

        void affiche (struct point courbe [])
        {
            int i ;
            printf (" **** structure fournie ****\n") ;
            for (i=0 ; i<NPOINTS ; i=i+1)
                printf ("%d %f %f\n", courbe[i].num, courbe[i].x, courbe[i].y) ;
        }
```